武汉大学数智教育丛书

武汉大学数智教育实践
创新平台学生使用指南

吴丹　主编

武汉大学出版社

图书在版编目(CIP)数据

武汉大学数智教育实践创新平台学生使用指南 / 吴丹主编. -- 武汉 : 武汉大学出版社, 2024.8. (2024.9 重印)-- 武汉大学数智教育丛书. -- ISBN 978-7-307-24566-2

Ⅰ.G649.286.31

中国国家版本馆 CIP 数据核字第 2024PQ9562 号

责任编辑:胡　荣　　　　责任校对:汪欣怡　　　　版式设计:韩闻锦

出版发行:**武汉大学出版社**　　(430072　武昌　珞珈山)

(电子邮箱:cbs22@ whu.edu.cn　网址:www.wdp.com.cn)

印刷:湖北金港彩印有限公司

开本:720×1000　1/16　　印张:12.5　　字数:160 千字　　插页:2

版次:2024 年 8 月第 1 版　　**2024 年 9 月第 2 次印刷**

ISBN 978-7-307-24566-2　　定价:69.00 元

编　委　会

主　编： 吴　丹

副主编： 孟小亮　姜　昕

编　委（以姓氏拼音为序）：

毕卫民　龚晚林　胡明宇　黄　河　姜　昕

李　敏　刘　昕　孟小亮　邱　超　唐　飞

王统尚　吴　丹　夏正伟　张　树　周立超

前　言

　　《周易》有言："凡益之道，与时偕行。"面对百年未有之大变局，面对数字化的发展浪潮和技术革新的挑战，党的二十大报告提出："推进教育数字化，建设全民终身学习的学习型社会、学习型大国。"习近平总书记也对此作出"教育数字化是我国开辟教育发展新赛道和塑造教育发展新优势的重要突破口"的重要指示。因此，推进教育数字化、智能化，培养具备数字思维、数字素养和智算技能的数智人才，已成为国家战略的重要组成部分。高等学校要主动对接国家战略和时代发展需要，积极推动教育的数智转型，培养适应时代发展需求的数智人才。

　　武汉大学正在建设中国特色世界一流大学，率先提出了"创新、创造、创业"的教育新理念，致力于培养"厚基础、宽口径、高素质、创新型"复合式拔尖人才，积极探索适应社会与经济发展的人才培养模式，不断推进教育教学的全方位改革。近年来，武汉大学通过开设创新实验班、强化科研训练、推动国际交流与合作等举措，培养了一大批具有国际视野、创新精神和实践能力的高素质人才。

　　新形势下，数智教育利用先进的数字技术和智能算法，能够为学习者提供个性化、多样化的学习体验，正在成为教育创新的重要途径，不仅能够促进教育质量与效率的双重提升，而且有利于缩小教育资源分配的差距，推动教育公平。武汉大学高度重视数智教育，积极响应培养数智人才的国家战略需求，筹划构建了集教学、研究、创新于一体的数智教育实践创新平台，平台集成了各类教学资源，具备互动学习、在线实验、远程协作等功能，能够为师生提供更加开放、灵活、便捷的教学环境，促进武汉大学教育教学水平的全面提升，为国家培养更多优秀的数智人才。

总的来说，数智教育实践创新平台具有以下四个特点：

一是全面。

数智教育实践创新平台涵盖了 30 余个学院共同参与建设的数智课程，包括哲学、文学、外国语言文学、新闻与传播、历史、艺术、经济与管理、法学、政治与公共管理、社会学、信息管理、数学与统计、物理科学与技术、化学与分子科学、生命科学、资源与环境科学、动力与机械、电气与自动化、水利水电、城市设计、电子信息、计算机科学、遥感信息工程、医学、公共卫生、药学、护理学、临床医学等院系。

二是创新。

数智教育实践创新平台以"共享、开放、交叉、创新"为建设原则，服务于武汉大学 17 门本科数智教育核心课程的教学，汇聚全校"真数据、真模型、真处理、真场景"等数智资源，涵盖了自然科学、空天信息、健康医疗、工业生产、金融商务、城乡政务、法务舆情、人文社会八大领域，为培养宽口径、创新型、应用型和复合型拔尖数智人才提供武汉大学方案。

三是智慧。

数智教育实践创新平台由数智教育一站式门户、数智教育实践创新社区、数智课程实验资源、数智教育创新竞赛、数智教育专业实训平台五部分组成。数智教育一站式门户是武汉大学数智教育"六个一"平台的重要组成部分和统一入口，作为全国首个专注于体系化培养数智人才的教育门户网站，平台为武汉大学数智课程的多维教学、实习实训和创新实践提供了坚实支撑。

四是应用。

数智教育实践创新平台注重培养学生的创新能力和实践能力。学生可以通过平台参与由武汉大学组织的各类数智竞赛，如数学建模竞赛、程序设计竞赛、网络安全竞赛等，每年比赛多达 90 余项，为学生展示才华提供了诸多机会。武汉大学还与多家企业和研究机构合作，建立了 18 个数智教育线上平台、49 个线下基地，学生可以访问超过 100 种线上资源，如虚拟仿真实验系统、数字化设计软件、AI 辅助工具、教学微课资源等，通过这些综合实践活动，学生将会深化对专业知识的理解，并提升解决实际问题的能力。

由于数智教育实践创新平台是全新的事物，且内容十分丰富，为使广大同学尽快熟悉并高效利用数智教育实践创新平台，武汉大学精心编纂了这本指南，以求达到提纲挈领、以简驭繁之效。

荀子说："君子性非异也，善假于物也。"希望同学们充分利用好数智教育实践创新平台，经常翻阅这本指南，挖掘蕴藏在其中的学习信息、实践机会，争做信息时代和数字时代的弄潮儿！

目　录
Contents

1. 数智教育一站式门户

1.1 门户基本信息

1.1.1 门户目标

数智教育一站式门户是武汉大学数智教育"六个一"平台的重要组成部分和统一入口，作为专注于体系化培养数智人才的教育门户网站，平台为武汉大学数智课程教学、实习实训和创新实践提供了坚实支撑。数智教育一站式门户旨在通过整合各种资源和工具，为学生提供全面、便捷、高效的数字化和智能化学习体验，帮助学生提升技能水平、拓宽知识视野、解决实际问题。

1.1.2 门户结构

数智教育课程门户的核心由"教育资源平台"与"个人学习空间"两大部分组成，两个部分相互关联，共同为学生提供个性化、智能化的学习体验。

1.1.2.1 教育资源平台

教育资源平台是数智教育课程门户的基石，整合了一系列丰富的教育资源，包括数智课程、样本数据、算法模型等，旨在支持学生进行全面、系统地学习。

教育资源平台通过直观、友好的界面设计，方便学生浏览和搜索所需资源。平台还具备资源下载、分享、评价等功能，可以使学生获得便捷的学习体验。

1.1.2.2　个人学习空间

个人学习空间是数智教育课程门户的个性化学习中心，旨在为每位学生打造专属的学习环境。学生登录门户后可以查看本人的选课情况，并根据个人情况获取智能推荐的学习资源。

选课情况展示：在个人学习空间中，学生可以直观地看到自己的选课情况，包括已选课程、收藏课程等。这有助于学生更好地规划学习进度与课程安排。

智能推荐资源：基于学生的选课情况、学习行为和个人喜好，平台会智能地向学生推荐相关的学习资源，包括课程、数据样本、算法模型等，以帮助学生更加高效地学习。

1.2　门户使用方法

数智教育一站式门户包含首页、数智课程、数据样本、算法模型、算力存储、应用案例、下载中心、虚拟仿真实验、我的空间 9 个板块。

1.2.1　首页

数智教育一站式门户首页是探索数智教育世界的起点，能够呈现最新、最全的数智教育资讯和课程体系信息。

1.2.1.1　数智教育资讯

数智教育资讯区精心打造了三个内容板块，学生可以轻松获取所需信息：

（1）头条信息：汇集了行业内最热门的新闻和观点，学生可以第一时间了解数智教育的最新动态。

（2）通知公告：及时发布重要的课程调整、活动安排等关键信息，确保学生不错过任何重要通知。

（3）最新资讯：定期更新各类教育资讯，为学生提供丰富的学习资源和参考建议，帮助学生在数智教育的道路上走得更远。

1.2.1.2　数智课程体系

数智课程体系区通过直观、易懂的图文标签，向学生展示数据教育的核心课程，体系区的设置具有以下四个特征：

（1）层次分明：体系区根据课程难度和知识点多少，将课程分为多个层次，学生可以根据自己的学习进度和能力水平选择课程。

（2）类型多样：提供基础知识、实践技能和前沿科技等多类型课程，满足学生多元化的学习需求。

（3）直观了解：学生通过图文标签，可以快速了解每门课程的主题、内容和亮点，找到最适合自己的课程。

（4）一键直达：如果学生对某门课程感兴趣，只需点击课程标签，即可直接进入课程详情页，查看更多课程内容和教学资源。

1.2.2　数智课程

数智课程页面是一个课程信息功能区，如图 1 所示。页面以卡片形式直观展示当前门户内的所有数智课程，旨在为学生提供便捷、全面的课程信息，帮助学生轻松找到并深入了解自己感兴趣的课程，实现一站式课程学习体验。

图 1　武汉大学数智教育一站式门户之数智课程

1.2.2.1　课程卡片平铺展示

数智课程页面通过卡片形式平铺展示所有数智课程，每个课程卡片都包含课程的名称、封面图、分类标签等基本信息，方便学生快速浏览并筛选感兴趣的课程。

1.2.2.2　个性化搜索功能

为了满足不同学生的需求，门户提供了个性化搜索功能。学生可以根据课程名称、关键词、领域分类等条件进行搜索，系统将智能匹配并展示相关的课程卡片，快速定位到目标课程。

1.2.2.3　详细课程介绍

当学生点击某个课程卡片时，可以进入该课程卡片的详情页面，如图2所示，可以查看课程的以下信息：

图2　武汉大学数智教育一站式门户之数智课程介绍

（1）课程简介：对课程进行简要的介绍，帮助学生快速了解课程的主要内容和学习目标。

（2）课程详情：详细介绍课程的教学大纲、教学计划、学时安排等，让学生全面了解课程的结构和进度安排。

（3）相关资源：展示与课程相关联的算法模型、数据样本、应用案例等，为学生提供丰富的学习材料和参考案例。

（4）软件工具：介绍课程学习所需的软件工具或平台，帮助学生提前做好准备。

（5）数字教材与课件：提供课程的电子教材、课件等教学资源，方便学生随时随地进行学习。

1.2.3　数据样本

数据样本页面是一个集中展示和查找数据样本的功能区，如图 3 所示。

图 3　武汉大学数智教育一站式门户之数据样本

本页面通过卡片形式直观分类地展示了平台上丰富多样的数据样本，学生可轻松通过标签进行筛选和定位，极大地提升了查找数据样本的便捷性和效率。

1.2.3.1 卡片分类展示

在数据样本页面，各类数据样本以卡片形式分类展示。每个卡片上都标注有清晰的数据样本名称、简要介绍和分类标签。学生只需浏览卡片，即可快速了解平台上提供的数据样本资源。

1.2.3.2 快速筛选与定位

为了方便学生快速找到所需的数据样本，门户提供了标签筛选功能。学生可以根据数据样本的类型、来源、行业、领域等标签进行筛选，确保能够迅速定位到目标数据样本。

1.2.3.3 数据样本详情

当学生点击某个数据样本卡片时，将进入该数据样本的详细展示页面，如图4所示。学生可以查看该数据样本的详细介绍，包括数据样本的简介、相关地址链接等。在这里，学生还可以下载相关的附件内容，如数据文件、数据字典等。

此外，该页面还展示了数据样本的标签和分类信息，能够帮助学生更好地理解数据样本的特点和用途。同时，关联的应用案例和数智课程也会被展示出来，为学生提供更多使用该数据样本的参考和灵感。

1.2.4 算法模型

算法模型页面具有全面且便捷的算法模型资源浏览和搜索功能，如图5

图 4　武汉大学数智教育一站式门户之数据样本介绍

所示。该页面以卡片形式分类展示了平台上的全部算法模型，学生可以通过标签快速定位到所需的算法模型。

图 5　武汉大学数智教育一站式门户之算法模型

1.2.4.1　卡片分类展示

算法模型页面通过卡片设计，清晰地将各种算法模型分类展示。每个卡片上都标注了算法模型的名称、主要特点和相关标签，使学生能够一目了然地了解不同算法模型的基本信息。

1.2.4.2　标签快速查找

为方便学生快速找到所需的算法模型，该页面提供了标签筛选功能。学生可以根据算法模型的类型、应用领域、开发者等标签进行筛选，系统会实时更新展示结果，帮助学生迅速定位到目标算法模型。

1.2.4.3　算法模型下载

数智教育一站式门户平台支持下载各类算法模块。对于数据量较小的算法模型，学生可以直接在页面上下载；而对于数据量较大的算法模型，门户平台会提供官方下载链接，学生可以通过链接下载到本地进行使用。这一设计确保了学生能够方便地获取所需的算法模型，并在本地环境中进行应用。

1.2.4.4　算法模型详情

当学生点击某个算法模型卡片时，将进入算法模型的详细展示页面，如图6所示。学生可以查看算法模型的完整简介，包括算法的原理、特点和应用场景等。同时，该页面还提供了算法模型的附件内容下载链接，如算法代码、数据集等，方便学生进一步了解和使用该算法模型。

此外，算法模型的详情页面还展示了算法模型的标签和分类信息，能够帮助学生更全面地了解算法模型的属性和特点。同时，页面还关联了相关的应用案例和数智课程，为学生提供了更多关于算法模型的使用场景和学习资源。

图6 武汉大学数智教育一站式门户之算法模型介绍

1.2.5 算力存储

为了方便学生快速获取和使用校内外主流的算力资源，门户特别设计了一个算力资源整合页面，如图7所示。该页面集中展示了多个主流的算力平台，学生可在此页面上一站式地了解各个平台的概况，并直接跳转到各个算力平台官方网站进行使用。

1.2.5.1 算力平台展示

算力平台整合页面汇聚了多个主流的算力平台。每个平台都以卡片形式呈现，卡片上包含该平台的名称、封面图片、平台性质标签，能够帮助

图 7 武汉大学数智教育一站式门户之算力存储

学生快速了解各个平台的特点。学生也可通过点击算力平台卡片，直接跳转到对应平台的官方网站，进行算力资源的购买和使用。

1.2.5.2 算力平台简介

点击任意算力平台简介，如图 8 所示，可以查看该平台的详细介绍，包括平台的名称、介绍、分类、平台地址、平台的能力和适用范围等。

1.2.6 应用案例

应用案例展示页面以卡片形式分类呈现平台上的各类应用案例，确保学生可以一目了然地浏览和有针对性地选择相应案例，如图 9 所示。

1.2.6.1 卡片分类展示

在应用案例首页，应用案例按照不同的行业、技术领域或特定需求对

图 8　武汉大学数智教育一站式门户之算力存储介绍

图 9　武汉大学数智教育一站式门户之应用案例

应用案例进行分类，以卡片的形式展示给学生。每张卡片都包含案例的缩略图和简要描述，便于学生快速了解案例的核心内容。

1.2.6.2 快速筛选与定位

为方便学生快速找到所需案例,该页面上方提供了多种标签筛选功能。学生可以根据案例的标签(如行业标签、技术标签等)进行筛选,从而快速定位到符合自己需求的应用案例。

1.2.6.3 案例详情页面

当学生点击某张案例卡片时,将直接跳转至案例详情页面,如图10所示。页面内容包括但不限于以下内容:

图 10 武汉大学数智教育一站式门户之应用案例介绍

(1)标签与简介:明确展示案例的标签和简要介绍,帮助学生快速了解案例的基本信息。

(2)应用场景:详细描述案例的应用背景和场景,让学生了解案例在实际生产或业务中的具体作用。

（3）使用方法：提供案例的使用说明或操作指南，帮助学生了解如何在实践中运用该案例。

（4）附件与下载：提供与案例相关的附件或资源下载链接，方便学生获取更多详细信息或资料。

（5）分类与关联：展示案例所属的分类以及与之相关联的其他数据样本、算法模型或数智课程等，为学生提供更全面的参考和学习资源。

（6）相关链接：提供与案例相关的外部链接或参考资料，方便学生进一步深入研究和了解。

1.2.7　下载中心

下载中心具有综合性的资源获取功能，专注于为学生提供数智教育相关的丰富资源。该页面主要划分为软件工具和资料下载两大类别，旨在满足学生在学习、研究、课程作业等方面的需求。

1.2.7.1　软件工具

该平台通过提供丰富的软件工具资源和便捷的获取途径，如图 11 所示，帮助学生提升数智学习的效率，更好地完成课程作业和研究项目。

（1）资源集成：汇集了数智教育所需的各类软件工具资源，包括但不限于数据分析、编程开发、模拟实验等类别的软件。

（2）平台对接：一站式门户打通了多个知名的软件工具平台，如武汉大学图书馆、武汉大学软件平台等，可以提供丰富的软件工具资源，使学生能够轻松访问和获取所需的软件资源。

（3）多渠道搜索：为了方便学生快速找到所需的软件工具，该页面提供了多渠道搜索功能。学生可以根据软件名称、类别、关键词等进行搜索，帮助学生提升数智学习的效率，更好地完成课程作业和研究项目。

图 11 武汉大学数智教育一站式门户之下载中心

1.2.7.2 资料下载

(1)资料丰富性：该类别涵盖了数智教育的各类资料，包括但不限于教材、课件、习题、研究报告等，如图 12 所示，满足学生在不同学习阶段的需求。

图 12 武汉大学数智教育一站式门户之下载中心介绍

（2）分类清晰：为了方便学生查找和下载资料，该页面将各类资料被清晰地分为多个子类别，如教材教辅、习题库、行业报告等，学生可以根据自己的需求快速定位到所需的资料。

（3）下载便捷性：该页面提供了简洁明了的下载链接和下载指导，学生只需点击相应的链接，即可开始下载所需的资料，无需复杂的操作过程。

1.2.8　虚拟仿真

门户对接了武汉大学虚拟仿真实验教学项目管理平台，如图 13 所示，方便学生快速了解学校的虚拟仿真教学项目，鼓励学生加入虚拟仿真实验教学项目的学习之中。

图 13　武汉大学虚拟仿真实验教学项目管理平台

1.2.9　个人空间

个人空间旨在为学生提供一个个性化的展示空间。学生登录后，系统将展示其个人的选课情况，并根据选课情况智能推荐与课程相关联的数据样本、算法模型、应用案例等资源，如图 14 所示。此外，个人空间还集成了平台软件工具与算力存储功能，为学生提供一站式的学习与研究支持。

图 14　武汉大学数智教育一站式门户之个人空间

1.2.9.1　个人选课情况展示

（1）选课列表：系统根据学生的选课记录，自动展示选课列表，包括课程名称、课程代码、任课教师、上课时间等关键信息。

（2）课程详情：学生可以点击选课列表中的课程，查看课程详情，包括课程介绍、教学大纲、教学进度、作业要求等。

1.2.9.2　课程关联资源推荐

(1)智能推荐：系统根据学生的选课情况进行智能分析，并推荐与课程紧密相关的数据样本、算法模型、应用案例等资源。这些资源旨在帮助学生更好地理解和掌握课程内容，提升学习效果。

(2)资源详情：系统推荐的资源将以列表或卡片形式展示，展示内容包括资源名称、简介、下载链接等，学生可以点击链接查看资源详情或直接下载使用。

1.2.9.3　下载中心与算力存储功能

(1)下载中心：个人空间集成了平台提供的各类软件工具和数智课程学习资料，如数据分析工具、编程开发工具等。学生可以根据课程学习、项目实践或个人研究的需要，选择并使用相应的工具。

(2)算力存储：为了满足学生对于算力和存储资源的需求，个人空间提供了算力存储功能。学生可以申请并使用平台提供的算力资源，完成大规模数据处理、模型训练等任务。同时，学生也可以在个人空间中存储和管理自己的数据和文件，方便随时访问和使用。

2. 数智教育实践创新社区

2.1 社区简介

大学生工程训练与创新实践中心(以下简称工创中心)作为武汉大学公共的数智人才培养实践创新社区,以"数智认知—数智实践—数智创新—数智创业"为创训过程链条,以"国家级创新创业学院"为依托,不断加强多学科交叉融合,持续深化科教、产教协同,鼓励交叉创新与校企合作,通过优化资源配置,努力打造"数智+"人才培养环境。武汉大学持续支持建设"数智+"创新创业分中心,目前已成立 8 个校级"数智+"创新创业分中心,分别是数字中国创新创业中心、信息管理创新创业中心、机器人创新创业中心、水利水电工程创新创业中心、电子信息创新创业中心、新一代计算机技术创新创业中心、遥感信息工程创新创业中心、智能化测绘创新创业中心。

数智教育实践创新社区充分利用各种产学研资源,通过创客课程、科创训练营、竞赛活动、揭榜挂帅项目、产学研项目等形式,全面支持全校师生开展创新、创造、创业实践活动。目前,工创中心在创新实践教育课程建设和支撑学生参与课外创新实践活动方面已形成较完善的体系。在第一课堂方面,工创中心进行了工程训练课程体系构建及创新实践平台建设,大力建设并改革工程训练等主要课程,将数控加工、激光加工、3D 打印、智能制造、人工智能、虚拟仿真等前沿技术融入课程体系中,并同步建设了相关实验课程,以服务于全校各专业发展;在支撑学生参与创新实践活动方面,工创中心与国内外知名企业联合共建产教协同中心、移动编程技术实验室、AR/MR 虚拟仿真实验室,配备设备图书馆、创客工作室、学科竞赛训练基地，成立发明兴趣小组、科创竞赛训练营、科创社团；在支撑学生参与创业活动方面，工创中心创建了创客工场，为学生团队提供办公配套、资金奖励、孵化服务、创业指导以及各类特色的创业活动，每年有 30 余个团队入驻。工创中心现已成为支持学生社团、创新创业团队、发明小组、科创训练营和学科竞赛队伍的多层次、阶梯化的公共创新实践平台。

在武汉大学全面推进数智人才培养、构建数智课程体系的政策支持下，2024 年年初，工创中心开始建设基于"四真计算"的数智人才培养实验创新教学支撑平台，致力于将工创中心一楼大厅改造建设为数智人才培养展示与体验空间，如图 15 至图 18 所示。数智教育体验空间主要包含数智教学展示互动区和数智教学体验区。其中，数字教学展示互动区将武汉大学和赤壁市联合建设的中国(赤壁)中试谷·智能无人系统测试基地、武汉大学中高层大气环境野外科学观测研究站、东方慧眼卫星系统、珞珈系列卫星、启明系列星等优秀科研平台的实测数据与真实场景，转化到基于武汉大学开放地球引擎(OGE)自主研发的实践教学系统中。采用数智人交互讲解，让全校各专业学生能够利用实时场景、远程控制、真实数据、AI 分析开展数智实践互动。在数智教学体验区，建设有多元化多功能数智实验实践训练教室，配备无人飞行器、无人车船、无人监测传感器、移动监测传感器等数据采集设备，本地数据存储与 AI 算力服务器等数据处理与分析设备，基于 VR 和 MR 的虚拟仿真与数字孪生数据可视化设备，以及协作机器人、人形机器人、四足机器人等各类智能机器人设备，支持全校师生体验虚实结合、远近联动、线上线下混合的数智教育实践创新训练。

图 15 工创中心数智人才培养展示空间场景 1(设计效果)

图 16 工创中心数智人才培养展示空间场景 2(设计效果)

图 17 工创中心数智人才培养多功能实践训练教室(设计效果)

图 18 工创中心数智人才培养 VR 体验与学习(设计效果)

2.2 数智工创实验室

工创中心目前共有实验教学用房面积近 13300 平方米，工创中心已建成基础制造、先进制造、智能制造、电工电子、人工智能、虚拟仿真 6 个数智工训教学实验室，面向全校开设机器人、人工智能、虚拟仿真、数电等可灵活配置的工程实训课程模块群，打造了 3D 打印、虚拟仿真等特色数智工创课程，建成了设备先进、种类齐全、环境优良的开放式实践创新教学平台。

2.2.1 基础制造实验室

基础制造实验室是工程教育的基石，旨在为学生提供一个全面了解和实践基础制造技术的场所。该实验室结合了传统制造技能与现代数字化技术，使学生能够在一个集成的环境中进行学习和创新。

实验室现有基础制造工具包括车、铣、磨、锯等传统机械加工工具，并配有计算机辅助设计软件 AutoCAD、SolidWorks 等，用于产品设计和建模。

本实验室教学与研究重点：

(1)数字化设计：教授学生如何使用 CAD 软件创建精确的工程设计图纸。

(2)基本工艺：教授学生如何操作基本的加工设备，了解制造的基本原理。

(3)材料科学：教授学生研究不同材料的加工特性和适用性，包括金属、塑料和复合材料。

(4)质量控制：教授学生如何进行产品检测和质量保证，包括使用卡尺、显微镜和硬度测试等工具。

本实验室特色课程模块包括：

(1)数字化设计与建模：指导学生深入学习如何使用 CAD 软件进行产品设计，包括参数化设计和复杂曲面建模。

(2)基础制造工艺：指导学生实践各种基础制造工艺，如车削、铣削、磨削和锯削。

使用该实验室时，所有学生和教学人员都必须接受安全培训，并严格遵守实验室安全规程。同时实验室也会定期对设备进行维护和校准，确保其处于最佳工作状态。

本实验室鼓励学生参与跨学科项目，支持学生将基础制造技术与电子工程、人工智能等领域相结合，以解决复杂的工程问题。

本实验室通过开设特色课程模块，培养学生的创新思维和解决问题的能力，鼓励学生提出创新设计方案。同时强调团队合作，学生可以通过参与小组项目，与同伴合作，共同完成复杂的工程任务。

基础制造实验室不仅是一个教学场所，也是一个创新的孵化器，可以激发学生的创造力、培养学生解决实际工程问题的能力。通过在实验室的学习，学生将为未来的工程职业生涯打下坚实的基础。

2.2.2　先进制造实验室

先进制造实验室是一个前沿的工程教育和研究平台，专注于应用和发展先进的制造技术。该实验室结合了智能化、自动化和精密工程技术，旨在培养学生的创新能力和解决复杂工程问题的能力。

该实验室目前的主要设施包括：

(1)精密机床：高精度的数控机床，用于加工精密零件。

(2)激光加工设备：包括激光切割机、激光打标机以及激光内雕机，用于高精度加工。

(3)增材制造设备：包括单色以及多色 3D 打印机，用于复杂或定制零件的快速制造。

(4)测量和检测设备：包括三坐标测量机、光学显微镜和硬度计等，用于精密测量和质量控制。

(5)智能传感器和数据采集系统：用于实时监控制造过程和收集数据。

本实验室的重点教学内容包括：

(1)精密工程：教授学生研究和实践如何制造高精度的机械零件和产品。

(2)自动化与数控技术：教授学生如何编程和使用数控设备以进行自动化生产。

(3)增材制造：引导学生探索 3D 打印技术在复杂零件制造中的应用。

本实验室的特色课程模块包括：

(1)精密与微纳制造技术：引导学生深入学习精密加工技术，包括微纳级制造工艺。

(2)复合材料加工与应用：引导学生研究复合材料的加工方法及其在现代工业中的应用。

先进制造实验室涉及大量高精设备，为此，该实验室制定了全面的安全使用规定。所有进入实验室的人员都必须接受严格的安全培训，且实验室实施定期的安全检查和设备维护，以确保实验室环境的安全和设备的最佳性能。

在跨学科合作方面，本实验室鼓励不同学科的学生(如材料科学、电子工程和计算机科学等)进行交叉合作，以促进创新成果产出。

在实验室文化方面，本实验室强调创新和实验精神，鼓励学生提出新想法并通过实操实验加以验证。同时培养学生的团队合作能力，鼓励学生参与团队项目，共同解决工程挑战。

数智先进制造实验室提供了一个实践和探索先进制造技术的平台，使学生能够掌握最新的制造技术，为未来的工程挑战做好准备。通过在该实验室学习，学生将获得宝贵的实践经验，提高理论知识应用于解决实际问题的能力。

2.2.3 智能制造实验室

智能制造实验室是一个集成了最新智能制造技术和自动化系统的综合性实验室。它旨在为学生提供一个实际操作和学习智能制造技术的环境，包括物联网(IoT)、大数据分析、人工智能(AI)、机器学习和机器人技术等。该实验室不仅支持学术研究，也鼓励武汉大学与工业界的合作，以解决现实世界的制造问题。

目前该实验室主要设施包括：

(1)智能制造生产线：模拟完整的智能制造流程，包括自动化装配、质量检测和物流管理。

(2)物联网(IoT)设备：传感器、网关和数据传输设备，用于收集生产线上的数据。

(3)大数据分析工具：用于处理和分析从生产线收集的大量数据。

(4)人工智能和机器学习软件：用于开发智能决策支持系统和预测性维护算法。

(5)数字孪生技术：创建物理设备的虚拟模型，用于模拟、分析和优化生产过程。

(6)智能制造实训工作台：用于开展可编程逻辑控制器(PLC)编程教学、工业自动化以及物联网相关实训实验。

本实验室的重点教学内容有：

(1)自动化与机器人技术：教授学生如何编程和集成工业机器人，以实现自动化生产。

(2)物联网与数据采集：教授学生部署 IoT 设备，收集和传输生产数据。

(3)大数据分析：教授学生如何使用数据分析工具，从生产数据中提取有价值的信息。

(4)人工智能在制造中的应用探索：探索 AI 在质量控制、预测性维护和生产优化中的应用。

(5)智能制造系统设计：教授学生设计和操作智能制造系统，整合自动化、数据分析和 AI 技术。

本实验室特色课程模块包括：

(1)工业机器人编程与操作：引导学生学习工业机器人的编程、操作和维护。

(2)物联网与智能制造集成：引导学生将 IoT 技术集成到智能制造系统中。

(3)生产系统数据分析：引导学生收集、处理和分析生产数据，以优化生产过程。

本实验室实施严格的安全规程，确保所有操作符合安全标准，并定期对设备进行维护和升级，以保持技术的先进性。

本实验室鼓励跨学科团队合作，主动与计算机科学、数据分析、材料工程等领域的学生和研究人员共同工作。实验室重视培养学生的创新思维和解决问题的能力，鼓励学生提出创新的智能制造解决方案。同时强调实践和应用，鼓励学生将理论知识应用于解决实际的工业问题。

智能制造实验室是一个充满活力和创新精神的学习环境，不仅为学生提供了学习和实践智能制造技术的机会，也为教师提供了一个研究和开发新技术的平台。通过在这一实验室的学习，学生将掌握智能制造的核心技能，并为投入工业 4.0 革命做好准备。

2.2.4 电工电子实验室

电工电子实验室是一个专注于电工技术和电子工程的现代化实验室，旨在通过智能化和数字化工具，提升学生对电工电子系统设计、开发和测试的理解。实验室结合了先进的电子测量设备、智能控制技术，以及电子设计自动化(EDA)软件，以培养学生的实践技能和创新能力。

目前实验室的主要设施及设备包括：

(1)电子工作台：配备完整的电子元件、焊接工具、电源供应器和信号发生器。

(2)示波器和信号分析设备：用于观察和分析电子信号的波形和特性。

(3)电子设计自动化(EDA)软件：如 Altium Designer、Cadence 等，用于电路设计和仿真。

(4)智能传感器和执行器：用于实现智能监测和控制。

本实验室的教学重点有：

(1)电路设计：教授学生如何使用 EDA 软件设计电路原理图和 PCB布局。

(2)电子元件识别与应用：教授学生学习各种电子元件的特性和应用方法。

（3）焊接技术：教授学生电子焊接和拆焊技术，包括表面贴装技术（SMT）。

（4）信号分析：教授学生学习如何使用示波器和其他测量工具进行信号分析和处理。

本实验室的特色课程模块：

（1）智能电子系统设计：教授学生深入学习如何设计包含微控制器和传感器的智能电子系统。

（2）嵌入式系统开发：教授学生如何开发嵌入式系统，包括编程和硬件设计。

（3）电路仿真与测试：教授学生使用仿真软件进行电路设计验证和性能测试。

本实验室强调实验室安全，确保所有学生在操作前接受安全教育和培训，并定期对实验室设备进行维护和检查，以保证设备的正常运行和实验的安全性。

实验室鼓励与计算机科学、机械工程、人工智能等其他学科的合作，以促进技术融合和创新。该实验室还重视培养学生的创新思维和自主学习能力，鼓励学生探索电子技术的多种可能性。同时，强调团队合作，学生将有机会参与团队项目，共同解决复杂的工程问题。

电工电子实验室为学生提供了一个实践电工电子技术的平台，通过接触先进的设备和工具，学生不仅能够学习到理论知识，还能获得宝贵的实践经验，为将来的工程职业或研究工作打下坚实的基础。

2.2.5　人工智能实验室

人工智能实验室是一个专注于人工智能（AI）、机器人技术应用和教学的高科技实验室，旨在为教师和学生提供一个探索机器人、机器学习、深度学习、自然语言处理(NLP)和其他 AI 领域的环境。该实验室配备了先进的人形机器人设备以及强大的计算资源和先进的软件工具，支持从基础研究到复杂系统开发的全过程。

实验室主要设备包括：

(1)高性能计算集群：包括多个 GPU 服务器节点，用于执行复杂的 AI 模型训练和大数据处理。

(2)深度学习工作站：装备有高性能 GPU，适合进行深度学习和机器学习的算法开发。

(3)AI 开发框架和工具：如 TensorFlow、PyTorch、Keras 等，用于 AI 模型的设计、训练和测试。

(4)智能机器人平台：包括人形机器人和无人机等，用于 AI 应用的集成和测试。

本实验室的教学重点包括：

(1)机器学习：教授学生如何设计和实现机器学习算法，包括监督学习、非监督学习和强化学习。

(2)深度学习：引导学生探索深度神经网络在图像识别、语音处理和其他领域的应用。

(3)自然语言处理：引导学生研究如何让机器理解和生成人类语言，包括语言模型、情感分析和机器翻译。

(4)智能系统开发：引导学生学习如何将 AI 技术集成到智能系统中，如智能家居、智能医疗和智能交通。

(5)机器人控制技术：引导学生学习如何控制人形机器人、机器狗等先进机器人设备。

本实验室特色课程模块：

（1）机器学习与模式识别：引导学生深入学习机器学习的原理和应用，包括数据预处理、特征选择和模型评估。

（2）深度学习与神经网络：教授学生如何构建和训练深度神经网络，以及如何调整和优化网络结构。

（3）自然语言处理与理解：引导学生探索 NLP 的关键技术，如词嵌入、句子建模和对话系统。

（4）机器人控制：引导学生探索通过图形化编程、Python 脚本、Ros 等编程语言或方式控制人形机器人、机器狗或无人机等完成指定动作。

本实验室确保所有使用 AI 实验室资源的人员遵守数据保护和隐私法规，并定期对实验室设备进行维护和升级，以保持技术的前沿性。同时，本实验室鼓励与计算机科学、数据科学、心理学、语言学等其他学科的合作，以促进 AI 技术的多领域应用。

该实验室重视培养学生的创新思维和解决问题的能力，鼓励学生提出新的 AI 解决方案。同时，该实验室强调合作和共享，鼓励学生在团队中工作，共同解决复杂的 AI 问题。

人工智能实验室是一个充满活力的研究和学习环境，它不仅为学生提供了学习和实践 AI 技术的机会，也为教师提供了一个探索和创新 AI 应用的平台。通过在这一实验室的学习，学生将掌握 AI 的核心技能，并为促进未来的 AI 技术发展和应用做好准备。

2.2.6　虚拟仿真实验室

虚拟仿真实验室是一个结合了虚拟仿真技术与人工智能的先进实验室，旨在通过模拟复杂的工程系统和环境，为学生和研究人员提供一个安全、灵活且成本效益高的实验平台。该实验室专注于利用虚拟现实（VR）、增强现实(AR)和数字孪生技术进行产品设计、系统仿真、操作培训和性能分析。

本实验室主要设备及资源包括：

(1)虚拟现实(VR)设备：包括头戴式显示器(HMD)、手柄和身体追踪系统，用于沉浸式体验。

(2)增强现实(AR)设备：结合现实世界和虚拟元素，用于交互式教学和产品设计。

(3)高性能计算机系统：用于运行复杂的仿真软件和处理大量数据。

(4)数字孪生技术：创建物理资产的虚拟副本，用于模拟和分析。

(5)仿真软件：包括机械仿真、电子仿真和流程仿真等专业软件。

(6)3D 建模和可视化工具：用于创建和编辑三维模型和场景。

(7)交互式投影和触摸屏：用于协作式工作和数据可视化。

本实验室教学重点有：

(1)虚拟产品设计：利用 VR 和 3D 建模工具，进行产品的构思和设计。

(2)系统仿真：使用仿真软件模拟机械、电子和工业系统，预测性能和优化设计。

(3)操作培训：通过 VR 模拟真实操作环境，进行安全技能培训。

(4)性能分析：运用数字孪生技术，对产品和系统进行深入的性能分析和故障诊断。

(5)交互式学习：通过 AR 和交互式投影，提高学习效率和参与度。

本实验特色课程模块有：

(1)虚拟装配与产品设计：教授学生如何使用 VR 工具进行产品的虚拟装配和设计。

(2)故障诊断与模拟：教授学生通过仿真技术模拟系统故障，进行故障分析和排除。

（3）交互式操作培训：利用 VR 和 AR 技术，进行实际操作的模拟训练，提高技能水平。

实验室实施严格的安全操作规程，确保所有使用 VR 和 AR 设备的学生和研究人员的安全，并定期对仿真软件和硬件设备进行维护和升级，以保持实验室运行的最佳状态。

实验室鼓励与机械工程、电子工程、工业设计等其他学科的合作，以促进技术融合和创新。同时，实验室注重培养学生的创新思维和自主学习能力，鼓励学生探索虚拟仿真技术的多种可能性。该实验室还强调团队合作和协作学习，鼓励学生在团队中工作，共同解决复杂的工程问题。

虚拟仿真实验室为学生提供了一个独特的学习环境，通过模拟和虚拟现实技术，学生可以在没有物理原型的情况下进行设计、测试和分析，这不仅降低了成本，还提高了效率。通过在这一实验室的学习，学生将掌握虚拟仿真的核心技能，并为未来的工程职业或研究工作打下坚实的基础。

2.3 创客工场

武汉大学创客工场由武汉大学工创中心与科技园共同设立，总面积达1200平方米，设有创业路演厅、洽谈区、开放空间、休闲区和室外区域，可为180余名师生提供交流和展示的空间，如图19至图21所示。这里不仅是一个集创意、交流、学习、实践于一体的平台，更是一个创新创业资源的集聚地。武汉大学工创中心与武汉大学科技园的专业孵化团队将会为入驻创客工场的创新创业团队提供一站式服务，包括政策咨询、项目对接和人才培养，助力创业者快速成长和发展。

作为武汉大学130周年校庆的献礼，创客工场的建设资金由科技园牵头联合多家校友企业募捐而来，体现了校友对母校的深情厚谊和对创新发展的支持。在创客工场启用仪式上，武汉大学校长张平文院士强调，创客工场的使命是帮助创业者实现梦想，培养复合型创新人才，以适应新一轮科技革命和产业变革对人才培养和科技创新提出的更高要求。创客工场的成立，旨在激发学生的创新精神和创业热情，鼓励学生敢于科技发明，勤于创新性研究。

为进一步支持本校学生开展创新创业教育实践活动，践行"创新、创造、创业"教育理念，给优秀创新创业团队提供良好的实践支持平台，武汉大学工创中心每年面向全校招募约30支优秀创新创业团队入驻创客工场。创客工场将为招募的团队提供多方面的支持，包括：

第一，办公配套。独立办公室(如图22所示)及配套设施支持，包括创客工场路演厅、洽谈室等的优先使用。

第二，资金奖励。中期考核获得优秀的项目，中心将提供一定奖励扶

图 19 武汉大学创客工场实景图 1

持资金；优秀本科生创业项目可获大学生创新创业训练计划项目支持。

第三，孵化服务。中心全面对接落实国家、省、市政策，提供工商、税务、金融、物流、法务、人力、市场、策略等"一站式"服务。

第四，创业指导。中心将为入驻团队配备"一对一"或"多对一"的创新创业导师，全程跟踪指导和对接资源；中心将指导入驻项目参加各类创新创业竞赛及评选等，争取创业扶持资金。

第五，特色活动。中心将不定期开展项目把脉诊断、创业沙龙、创业培训等特色活动，全面提升入驻项目团队的创业能力。

入驻团队将在创客工场开展为期一年的创新创业实践活动。

图 20　武汉大学创客工场实景图 2

图 21　武汉大学创客工场实景图 3

图 22　武汉大学创客工场工作室入驻团队独立办公区域

2.4　科创训练营

武汉大学科创训练营是一个多元化的科技创新教育平台,旨在提升学生的创新精神和实践能力。该训练营与国内外知名企业合作,积极引入企业中的先进技术,为学生提供包括机械设计与制作、智能机器人、AI 编码助手实操等多个领域的技能培训。训练营作为第一课堂与科技创新、学科竞赛之间的桥梁,不但能够夯实学生的理论知识,还能通过实际操作提升学生的实践技能,同时为学生提供一个展示创新成果的舞台。武汉大学工创中心作为主要的组织和支持单位,通过一系列的训练营活动,鼓励学生积极参与科技创新,培养了一大批具有创新能力和实践精神的优秀人才。

2.4.1　工创赛车训练营

根据武汉大学科创训练营的宗旨,将"机械小车"训练营进行整合,更名为工创赛车训练营。该训练营以机械小车的设计与制造项目为主,融合了三维建模与设计、3D 打印、激光切割、数控加工等制造工艺,遵循学生自愿报名的原则、采取"老带新"的训练模式,帮助学生掌握机械设计与制造相关的技能,培养其团队合作意识。

该模块训练营每年 1 期,每期 2 个月,已连续举办 3 期,累计训练本科生近 300 人,覆盖动机学院、电气学院、遥感学院、网安学院等 20 余个院系,参营学生在各类实物制作类学科竞赛获得国家级奖项 20 余项,其中有突破性的全国一等奖 2 项。图 23 至图 24 为 2023 年举办工创赛场训练营的图片。

图 23　武汉大学 2023 年科创训练营赛车项目结营比赛合照

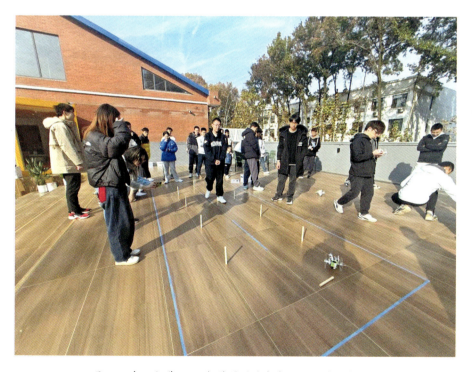

图 24　武汉大学 2023 年科创训练赛车项目结营比赛现场

工创赛车训练营由校级学生社团"工创社"组织开展，通过为训练学生提供技术支持与服务，营造了传承与共享的良好氛围。该训练营不仅提升了学生的创新意识和创造能力，还促进了学生间的交流与合作。

2.4.2 智能机器人训练营

智能机器人训练营由武汉大学工创中心主办，以参加中国机器人暨 Robocup 机器人世界杯中国赛、中国机器人及人工智能大赛和睿抗机器人大赛等机器人赛事为目标，进行多类型仿生机器人技术培训。从基础理论知识、机器人技能训练到综合实训，涵盖四足机器人、无人机、仿人机器人、集群机器人、机器人仿真等多个训练模块，涉及机器视觉、运动控制、步态规划、多机协同、人机交互等技术。自 2018 年至今每年开设 1 期，有来自动机院、计算机学院、电气学院、弘毅学堂、遥感学院、电信学院、物理学院、测绘学院、水利水电学院等 10 余个学院的近 600 人参加，学员累计获得国家级奖 40 余项。图 25 为该训练营中仿人机器人的测试场景。

图 25　武汉大学仿人机器人测试场景

2.4.3　智能导航机器人训练营

武汉大学智能导航机器人训练营是一项集科技性、创新性、竞技性以及趣味性为一体的科技培训活动。每年寒暑假，湖北各高校机器人爱好者在武汉大学齐聚一堂，基于 TURTLEBOT4 移动机器人，学习机器人"感知""规划""控制"方面的基础理论知识，利用深度相机以及 2D 雷达等传感器，开展同步定位与地图构建、自主智能导航与运动规划、局部导航规划与避障、深度视觉、图像处理、神经网络、多传感器融合等研究，最终完成机器人自动巡检、巡线、泊车、过隧道、识别红绿灯和交通杆、避障等任务。

该训练营每年在寒暑假各举办 1 期，每期线上培训 1 天，由武汉京天电器有限公司提供软硬件以及线上线下的支持。每期比赛择优评出一等奖、二等奖、三等奖，并为获奖学生发放奖金和证书。图 26 至图 27 为训练营举办场景。

图 26　武汉大学 2024 年科创训练营之智能导航机器人大赛合照

图 27 武汉大学 2024 年科创训练营之智能导航机器人大赛比赛现场

2.4.4 人工智能大模型训练营

人工智能大模型训练营通过课程与实操相结合的方式，让学生了解并实践通义灵等 AI 编码助手，提升编码效率。此外，学生还可以学习了解 AI 大模型的趋势，并设计自己的大模型。该训练营支持学生的科创需求，让学生从普惠算力中受益。

2024 年的首期训练营共有线上线下近 500 人参与，如图 28 所示。参营学生根据合作企业提供的在线资源进行训练并完成阶段性任务，即可获得企业认证的实习证书。

图 28　武汉大学 2024 年科创训练营之人工智能大模型训练营

3. 数智课程实验案例

3.1 数据科学导论

表 1 "数据科学导论"课程信息

课程名称	数据科学导论 A
课程简介	数据科学是基于计算机科学、统计学、数学等学科的一门新兴交叉学科，与当今所有的现代行业都有关联，其主要研究内容包括数据科学基础理论、数据存储、数据处理和数据分析等。 　　"数据科学导论"课程以"建立知识体系、掌握基本原理、了解核心技术、把握前沿发展"为原则，引领学生进入数据科学的大门，形成宽广的视野并培养浓厚的兴趣，探寻数据科学与本专业的应用结合点。该课程能够让不同学科背景的学生感受到数据科学的魅力，帮助学生构建起一个完整的数据科学知识体系，为后续的相关专业课程的学习打下基础并做好导航。
典型实验题目(场景)	数据科学之数字人文实践：中国历史名人行迹和社会关系分析。
实验数据	以汤显祖为例，在中国历代人物传记资料库(CBDB)中查询他的社会关系，收集相关人物传记著作并整理他的行迹。 　　在中国历史地理信息系统(CHGIS)中查找古代地名的准确经纬度，并下载相应时代的中国地图。
实验工具	Python：主要完成对文本进行分析，提取人物的活动轨迹和社会关系。 　　Excel：主要用于整理人物活动轨迹和社会关系数据。

续表

课程名称	数据科学导论 A
	社会网络分析软件(Gephi)：主要完成社会网络图的生成和网络分析。 时空分析软件(QGIS)：主要完成基于地图的人物活动轨迹的地点定位和路径标绘。
算法模型	中文分词、命名实体识别、词频统计、共现矩阵分析、网络分析(计算平均度、平均加权度、网络直径、网络半径、平均路径长度、图密度、平均聚类系数等)。
算力要求	普通计算机即可。

3.2 数据要素

表 2 "数据要素"课程信息

课程名称	数 据 要 素
课程简介	"数据要素"是一门将数据作为生产要素的交叉性理论和应用的通识基础课,涉及信息资源管理、数字经济、数字产权、网络安全等学科领域。其主要内容包括:数据要素的内涵与基础、数据要素的主体与权属、数据要素的形式与价值、数据要素的安全与交易、政府数据要素、平台数据要素、行业数据要素、个人数据要素。 通过本课程的教学,使学生整体掌握数据要素的概念与体系,为后续相关专业课程的学习奠定坚实的基础。
典型实验题目(场景)	不同模态数据的采集、存储与呈现,基于语言大模型的数字人构建。
实验数据	大学生心理健康调查数据(基于问卷调查结构数据)、微博舆情文本图片数据(武汉大学实时舆情数据)、时空地理场景数据(全国 POI 地理兴趣点数据)、数字人语料知识数据(领域专业知识)。
实验工具	问卷调查平台软件:用于设计问卷、执行问卷调查、查看数据、呈现数据等功能。 微博舆情分析软件:用于爬取微博指定话题数据,对文本数据进行主题分析,可视化呈现结果。 场景计算大数据平台:用于收集全国 POI 数据,并按照栅格进行多模态数据的场景关联集成,可视化呈现结果。 数字人构建平台:用于建立虚拟数字人,并将语料导入后台进行数字人训练,实现问答型数字人构建。

续表

课程名称	数 据 要 素
算法模型	量表设计、主题文本分析、词云可视化呈现、场景计算、语言大模型。
算力要求	定制：采用多核 CPU。 服务器：i9-13900k。 RAM 内存：128G 或者 256G，DDR5 6000MHZ。 硬盘：4T 固态硬盘 8400m 传输。 显卡：RTX 4090 显卡 2610-2640MHz 华硕的最好。 电源：1200W。 机箱水冷。

3.3 概率论与数理统计

表 3 "概率论与数理统计"课程信息

课程名称	概率论与数理统计
课程简介	"概率论与数理统计"是一门以随机现象为研究对象，研究和探索客观世界随机现象规律的数学学科。"概率论与数理统计"是数智课程体系的公共基础必修课程，主要讲授随机事件及其概率、随机变量及其分布、随机变量的数字特征、统计估计方法以及统计检验方法的相关内容。 　　通过本课程的教学，学生能够掌握概率论与数理统计的基本概念、基本理论和基本方法，培养学生应用所学知识分析和解决实际问题的能力，同时为学生学习后续专业课程、从事专业研究、撰写学位论文奠定必要的数学基础。
典型实验题目(场景)	混检技术的统计模拟。
实验数据	计算机生成的随机数。 　　数据描述：计算机按照给定的概率进行随机抽样，实现多次统计模拟。
实验工具	Matlab 或 Geogebra 软件：完成随机抽样，并实现混检结果的可视化展示。
算法模型	无
算力要求	普通计算机即可。

3.4 数据采集与预处理

表 4 "数据采集与预处理"课程信息

课程名称	数据采集与预处理

课程简介	"数据采集与预处理"是一门讲授数据采集与数据预处理相关理论和技术的通识教育课程。
	  主要内容包括：数据源分析、网络数据采集与预处理、社会感知数据采集与预处理、遥感数据采集与预处理、传感网数据采集与预处理、无人机数据采集与预处理、三维数据采集与预处理等。
	  本课程是数智课程体系的通识教育课程。通过本课程的理论教学与实习实践，学生能够掌握数据采集与预处理技术和方法，从而为后续相关专业课程的学习打下坚实的基础。

典型实验题目(场景)	实景三维数据采集与建模。
实验数据	无人机倾斜摄影影像。 数据描述：由配备高分辨率相机的无人机按照规定的航线对目标物拍摄多角度的、具有重叠区域的影像。
实验工具	三维重建软件：主要完成三维重建任务，需具备影像导入、空中三角测量、三维重建等功能。 模型修饰软件：主要完成三维模型精细化修饰任务，需具备模型编辑等功能。
算法模型	图像校正与拼接、图像匹配算法、稀疏重建算法、密集重建算法(多视立体视觉)、纹理映射算法等。
算力要求	显卡：不低于 RTX3060，CPU：内存不低于 64G。 以一栋约 10000m²，高约 25m 的楼宇建筑为例，在内存 128G，显卡型号为 RTX2080Ti 的配置下，利用采的 100~200 张无人机航拍影像，在三维重建软件中完成 5cm 精度的三维重建，需要 2~10h，导出模型的大小约 2GB。

3.5 数据管理系统

表 5 "数据管理系统"课程信息

课程名称	数据管理系统
课程简介	数据管理系统是用于管理数据的核心基础软件，其主要功能是获取数据、组织数据、查询数据、维护数据、保障数据的一致和安全，并且方便地应用软件和利用数据。它经历了文件管理系统、数据库管理系统、大数据管理系统的发展阶段，现已成为各类数据存储、处理和分析的重要基础设施。 　　"数据管理系统"课程主要介绍数据管理系统的发展历程、设计思想、主要架构、核心技术、工作原理、使用方式和发展趋势。其目的是帮助学生掌握数据管理系统原理与方法，学会构造和使用此类系统实现数据管理应用，以便处理和分析数据。本课程融合计算机操作系统、数据库管理系统、大数据管理系统，提供数据科学人才必备的数据管理知识体系。通过这些知识的学习，学生将能够根据种类繁多的数据和广泛应用的需要，构建或选择合适的数据管理系统去高效管理并有效分析各类数据。
典型实验题目(场景)	商业大数据清洗、加工与分析。
实验数据	TPC-DS。 　　数据描述：模拟了一个大型零售公司的业务环境，包括顾客、订单、库存、支付等不同的业务流程，可以帮助评估数据仓库系统在处理大量数据时的性能，包括数据加载、查询响应时间、系统吞吐量等。
实验工具	Spark：用于大数据的清洗和加工。 GaussDB：用于对大数据进行实时分析。
算法模型	自回归算法、关联规则算法。
算力要求	Spark 集群至少包含 64 核 CPU、256GB 内存以及 10TB 硬盘。

3.6 数据分析与处理（Python）

表 6 "数据分析与处理（Python）"课程信息

课程名称	数据分析与处理（Python）
课程简介	"数据分析与处理（Python）"是一门利用 Python 相关库对数据进行分析与处理的通识教育课程。其主要内容包括：数据科学引论以及 Python 基础、关系型数据分析与处理、向量型数据分析与处理、文档型数据分析与处理、图型数据分析与处理。 通过本课程的理论教学与实习实践，学生能够认识并理解当前信息时代下的模态丰富多样、体量浩繁的多模态数据，并能够从中提取潜在价值信息，以帮助进行学习、生活、研究过程中的理解和决策。
典型实验题目（场景）	探索聚类算法的应用。
实验数据	百万级纽约城市数据集与合成数据集。 数据描述：由 NYC 发布和实验室采集得到的百万级城市数据集，包括交通信息、公共安全信息等。合成数据集用于在受控条件下探索聚类行为。例如，使用具有明显分隔组或具有不同密度和分布的群集的数据集。
实验工具	在线实验平台：包括 Python 编程环境，以及用于数据操作的 Pandas 库，用于数据可视化的 Matplotlib 和 Seaborn 库，以及用于实现聚类算法的 Scikit-learn 库等。
算法模型	K-Means 聚类，用于基于均值识别群组。 层次聚类，用来探索层次聚类。 谱聚类，使用图论来找到群集结构。

续表

课程名称	数据分析与处理（Python）
算力要求	CPU：至少配备 16 核心的处理器，以支持多线程数据处理和计算。 内存：不低于 128GB RAM，确保足够的内存容量处理大规模数据集和复杂的机器学习模型。 显卡：至少配置 NVIDIA RTX 3060 或以上级别的 GPU，支持高效的数据并行处理和深度学习训练。 硬盘容量：至少 4TB 的 SSD 存储，提供快速的数据读写能力，加快数据加载和模型训练速度。 网络连接：千兆以太网连接，支持快速的数据传输和远程数据访问。 以城市交通轨迹数据分析为例，在配置有 128GB 内存和 NVIDIA RTX 3080Ti 显卡的服务器上，运行交通流量模式识别和轨迹相似度分析。利用大量交通流式数据，模型可以在几小时内分析和预测交通拥堵点，同时识别拥堵区域，最终生成的交通状态报告数据集大小约为 5GB。此配置不仅加快了数据处理和复杂查询的速度，也能够在多用户同时访问的情况下保持系统的稳定性和高效响应。

3.7　数据分析与处理（SPSS）

表 7　"数据分析与处理（SPSS）"课程信息

课程名称	数据分析与处理（SPSS）
课程简介	"数据分析与处理（SPSS）"是一门关于数据分析、处理的相关理论和技术的必修课程。其主要内容包括 SPSS 软件基础、描述性统计分析、推断性统计分析（涵盖 t 检验、方差分析、卡方检验等）、用于推断总体特征和差异分析，以及高级统计分析方法如回归分析、因子分析、聚类分析等。通过本课程的学习，学生将能够全面掌握 SPSS 软件的操作和应用，提升数据分析处理能力，为未来的科研工作打下坚实的基础。
典型实验题目（场景）	分析某城市居民健康数据。
实验数据	创建或导入数据集。
实验工具	SPSS 软件。
算法模型	无
算力要求	普通计算机即可。

3.8　数据分析与处理（SAS）

表 8　"数据分析与处理(SAS)"课程信息

课程名称	数据分析与处理（SAS）
课程简介	"数据分析与处理(SAS)"课程从统计学角度，在统计分析软件SAS平台的基础上，学习创建或导入数据集，以对话框方式和SAS编程两种方式，进行数据处理和数据分析。具体分析方式包含：描述性统计分析、结合图形分析、假设检验、相关分析、回归分析和方差分析。在分析后形成结果数据，给出结论。 　　通过该课程的学习，学生能够理解数据统计分析的相关概念和方法，掌握数据处理与数据分析的实践技能，提高数字素养与技能，学会用科学的方法去发现数据中蕴含的宝藏，高效率地发挥数据要素的价值，培养具有计算思维、数智思维、能适应未来社会的数智拔尖创新人才。
典型实验题目(场景)	牙膏销售量与其他因素的相关关系。
实验数据	建立 yagao(牙膏)数据集。 数据描述：变量名 $X4$ 表示公司销售价格，$X3$ 表示其他厂家平均价格，$X2$ 表示广告费用，$X1$ 表示价格差，Y 代表销售量。
实验工具	统计分析 SAS 软件：主要完成数据分析与数据处理。
算法模型	SAS 软件自带常用统计分析模型，如：线性回归分析、方差分析等。
算力要求	普通计算机即可。

3.9 数据分析与处理（R）

表 9 "数据分析与处理(R)"课程信息

课程名称	数据分析与处理（R）
课程简介	"数据分析与处理(R)"课程讲授 R 语言编程的基础知识、R 语言数据分析的常用工具包和基本处理流程，提升学生的数据分析实战能力。本课程从最基础的 R 语言基础软件的安装、RStudio 安装和操作开始讲起，主要围绕 R 语言 Tidyverse 体系，讲授了 R 语言的数据结构、图形可视化、单表和多表的操作、数据清洗、循环与函数式编程以及统计模型等核心内容，并讲授 Rmarkdown 编辑文档的能力。此外，本课程在每个核心教学部分都有配套相应的案例，让学生使用 R 语言熟练进行数据分析和探索的完整流程，以提升学生的数据分析实战能力。
典型实验题目(场景)	本课程是实验课程，每一讲都有配套的数据分析实验，例如：数据可视化、探索性数据分析、数据清洗、数据整形；从而获得"干净的"数据，以便得到初步的规律与模式。
实验数据	(1)来自互联网平台的数据，如亚马逊、淘宝、京东、TripAdvisor、携程、爱彼迎等。 (2)来自数据库的数据，例如国内外上市公司的数据、全球国家的政治经济文化统计数据等。
实验工具	R 语言。
算法模型	Tidyverse 体系、ggplot、dplyr、tidyr、stringr、tidytext 等。
算力要求	显卡：不低于 RTX3060，CPU：内存不低于 32G。

3.10 数据结构与程序设计（Python 语言）

表 10 "数据结构与程序设计(Python 语言)"课程信息

课程名称	数据结构与程序设计(Python)(A/B/C)
课程简介	Python 是人工智能时代生产率最高的编程语言，适用于科学计算、大数据处理与分析、游戏软件、Web 应用、爬虫程序、人工智能等应用开发和多领域的学术研究。"数据结构与程序设计(Python)(A/B/C)"课程的内容包括：(1)程序设计方法、Python 语言基础、内置数据类型、流程控制语句、常用算法和数据结构、函数式编程基础、模块化设计、面向对象程序设计、文件操作、异常处理等；(2)Python 典型应用案例分析；(3)Python 软件开发实践。 通过本课程的学习，学生能够掌握求解计算问题的一般方法，学习利用 Python 语言生态开发多种类型的程序，同时培养学生的计算思维和批判性思维，并提升学生利用计算机解决问题的实践能力。
典型实验题目(场景)	程序设计实践。
实验数据	现场输入或读取数据文件。
实验工具	Python 解释器：主要用来运行 Python 源文件。 IDLE：编写 Python 城的 IDE 软件。 Spyder：文件方式的编程工具。 Jupyter Notebook：Web 方式的编程工具。 头歌实践教学平台：提供线上编程环境。
算法模型	常用算法：排序、查找、枚举、迭代、递推、递归、计数、极值等。
算力要求	普通计算机即可。

3.11　数据结构与程序设计（C 语言）

表 11　"数据结构与程序设计（C 语言）"课程信息

课程名称	数据结构与程序设计（C 语言）
课程简介	C 语言是目前国内外最流行的一种计算机程序设计语言，既具有高级语言的特点，又具有汇编语言的特点。C 语言组成简洁紧凑，使用方便灵活，功能丰富，表达能力强，程序运行效率是所有程序设计语言中最高的。 　　"数据结构与程序设计"是大学计算机教学中系统讲授程序设计方法的课程，也是工科类本科专业的学科基础课程，非常适合作为大学生的第一门软件设计入门课程。通过本课程的学习，不仅有助于提高学生的编程技能，还能加深对算法和计算机科学领域其他课程的理解。此外，还可以培养学生分析问题和解决问题的能力，以及批判性思维和创新能力。
典型实验题目	学生的成绩统计。
实验数据	学生课程成绩。
实验工具	C 语言编程工具。
算法模型	基本的算法、查找算法、排序算法等。
算力要求	普通计算机即可。

3.12 数据结构与程序设计（C++语言）

表12 "数据结构与程序设计(C++语言)"课程信息

课程名称	数据结构与程序设计(C++语言)
课程简介	"数据结构与程序设计(C++语言)"课程主要涉及 C++语言的基本语法、数据结构和算法的基础知识，以及面向对象编程思想等内容。在本课程中，学生将学习 C++语言的基本语法和编程规范，包括变量、数据类型、控制结构、函数、数组、指针等。此外，学生还将学习面向对象编程的思想，掌握类的定义、对象的创建、继承与派生、多态等概念，熟悉常用的面向对象编程技术，了解基本的数据结构和算法。 除了 C++语言的基本知识、编程技能和简单的数据结构的学习，本课程还将培养学生的实际动手能力和解决问题的能力。学生将通过实践项目和案例，运用所学知识解决实际问题，提高编程能力和解决问题的能力。同时，本课程鼓励学习主动学习新技术和新知识，积极参与团队开发，培养学生的自学能力和团队合作能力。
典型实验题目(场景)	图书管理系统。
实验数据	模拟的图书数据。
实验工具	C++语言编程工具。
算法模型	基本的算法、查找算法、排序算法等。
算力要求	普通计算机即可。

3.13 数 据 挖 掘

表 13 "数据挖掘"课程信息

课程名称	数据挖掘
课程简介	"数据挖掘"是武汉大学本科数智课程建设计划全校通识教育课(选修),面向全校各学科的学生,旨在帮助学生掌握数据挖掘的基本概念、方法和技能,促使其能够运用数据挖掘技术和工具解决实际问题。本课程将系统讲解数据挖掘的基本概念、任务(聚类、关联分析、分类、回归),经典算法,文本图像等不同模态数据挖掘,实际应用案例,旨在培养学生从数据驱动的视角分析问题、解决问题的能力。
典型实验题目(场景)	购物篮分析、客户价值分析、风险识别。 疾病诊断、故障识别。 情感分析。 图像处理。
实验数据	购物篮分析:超市或电商平台的交易记录数据。 客户价值分析:超市或电商平台的交易记录数据。 风险识别:银行信用借贷数据。 疾病诊断:医疗领域的病人症状与诊断数据。 故障识别:机器设备状态监测与故障数据。 情感分析:网络新闻或社交媒体的用户生成内容。 图像处理:遥感领域采集的部分地区的图像数据。
实验工具	Python 语言:主要开展数据的预处理、分析与挖掘。
算法模型	聚类、关联分析、分类、回归等领域的经典算法。
算力要求	显卡:不低于 RTX3060,CPU:内存不低于 64G。

3.14 数据可视化

表 14 "数据可视化"课程信息

课程名称	数据可视化
课程简介	"数据可视化"是一门关于数据可视化理论、技术、方法和工具的课程。其主要内容包括：数据可视化概述、数据可视化准备、视觉设计、关系数据可视化、比例数据可视化、时序数据可视化、空间数据可视化、文本数据可视化、复杂数据可视化、数据可视化项目实战、人工智能与数据可视化、数据可视化前沿进展等。通过本课程的理论教学与实习实践，学生能够掌握数据可视化的理论、方法、策略和工具，培养学生理解和使用数据、挖掘数据蕴含规律的能力。
典型实验题目(场景)	关系数据可视化、比例数据可视化、时序数据可视化、空间数据可视化、文本数据可视化。
实验数据	微博用户互动数据：870 名微博用户在某一条微博下的互动关系。 世界人口和失业率数据：1960 年至 2010 年全世界各国家和地区每月的人口数量和失业率。 印度空气质量数据：2015 年至 2020 年印度各城市每日的空气质量情况，包括 PM2.5、PM10、一氧化氮含量、二氧化氮含量、AQI 在内的 14 个字段。
	犯罪率数据：2005 年美国各州每 10 万人中谋杀、抢劫和故意伤害等罪案的发生率。 在线社区文章数据：某可视化网站上最受用户喜爱的 100 篇文章的内容、分类、浏览量和评论。

续表

课程名称	数据可视化
实验工具	Tableau：用于完成基于用户界面的可视化任务。 Python：用于完成基于 Pyecharts 和 Seaborn 的可视化任务，需安装相关的第三方库。
算法模型	数据清洗算法、数据转换算法、数据降维算法、多项式拟合算法、前端交互式可视化算法。
算力要求	CPU：内存不低于 8G，无需独立显卡，需要流畅运行 Visual Studio Code、PyCharm 或 Jupyter Lab 等 Python IDE。

3.15 人工智能与机器学习

表 15 "人工智能与机器学习"课程信息

课程名称	人工智能与机器学习
课程简介	"人工智能与机器学习"是武汉大学数智课程中面向理工医类(非计算机专业)本科生的公共必修课,也是人工智能领域重要的专业基础课程,是一门理论性和实践性都很强的核心课程。其主要内容涉及机器学习基本原理、基本模型及其在理工各专业中的应用等。 　　通过本课程理论与实践相结合的教学环节,学生能够紧跟人工智能发展前沿,学会运用机器学习方法解决科研和工程应用中问题,养成严谨求实的科学精神和创造性思维,为后续专业课程学习、工程技术开发和科学研究打下牢固基础。
典型实验题目(场景)	基于 Vision Transformer 的图像分类。
实验数据	猫狗图像分类数据集、Cifar-10 图像分类数据集。 　　**数据描述:**猫狗图像分类数据集来自 Kaggle,其中猫和狗的图片数量都是 12500 张;Cifar-10 图像分类数据集也是一个公开数据集,其中包含 10 类图像,每类图像 6000 张,分辨率为 32×32。
实验工具	实验环境所需要的工具包括:Pytorch2.1、Cuda12.1、PIL10.0.1、Sklearn1.3.2。
算法模型	Vision Transformer 算法。
算力要求	显卡:不低于 RTX3090,CPU:内存不低于 32G。 　　以 Cifar-10 图像分类数据集为例,在内存 32G,显卡型号为 RTX3090Ti 的配置下,训练 Vision Transformer 的分类模型需要大约 3h,导出模型的大小约 200M。

3.16   人工智能导引

表 16   "人工智能导引"课程信息

课程名称	人工智能导引
课程简介	本课程是一门面向所有专业大一学生的基础通识课程(选修),旨在引导学生建立基本的人工智能核心素养。其主要内容包括:树立正确的人工智能科技价值观(智观),认识和理解人工智能的基本内涵及其影响;掌握人工智能基本知识(智识),了解人工智能的发展过程、基本原理与基础技术;具备人工智能思维(智思),能够有意识地运用人工智能思维去分析和解决问题;开展"AI+X"人工智能创新实践(智行),结合人工智能典型应用场景和自身学科专业,学习常用人工智能工具平台,学会利用人机协作进行学习和研究。
典型实验题目(场景1)	大模型应用:基于 PaddleX 的安全帽佩戴检测,基于 PaddleX 的车牌识别与提取,基于文心一言的学术论文编写与优化,基于文心一言的新闻稿件创作,基于文心智能体平台开发糖尿病问诊助手。
实验数据	真实行业场景数据集:安全帽检测数据集,真实场景新能源车牌数据集,糖尿病药物、推荐饮食数据。
实验工具	百度星河社区代码开发平台 PaddleX:零代码完成产业级模型开发全流程。 文心一言:使用文心大模型强大的语言理解、生成、推理及跨领域知识融合等能力,辅助完成生产生活任务。 文心智能体平台:基于文心大模型的智能体构建平台,该平台为开发者提供低成本、高效率的开发方式,根据应用场景零代码打造大模型时代的原生应用。
算法模型	目标检测模型:RT-DETR、PP-YOLOE_plus、PicoDet 等。 OCR 模型:PP-OCR-v4、文心大模型 4.0。
算力要求	PaddleX 可在 AI Studio 云端实践,算力消耗 V100 32G 1 卡 30A 币/小时。

续表

课程名称	人工智能导引
典型实验题目(场景2)	智能办公(PPT 生成、文档生成、自动摘要、智能表格)。
实验数据	无
实验工具	金山 WPS 软件。
算法模型	WPS AI 大模型。
算力要求	云服务器模式,无需现场硬件和算力要求。
典型实验题目(场景3)	智能助手 diy(网页信息抓取)。
实验数据	浏览器网页数据。
实验工具	T-Bot RPA 编辑器:提供了办公流程自动化所需常用基础组件(500+),支持以拖拽组件的方式进行低代码可视化编程,可开发并调试各种 RPA 流程。 谷歌浏览器:用于网页数据访问及摘取。 注意:需提前在 T-Bot 软件主页扩展管理里面安装好谷歌浏览器插件。 Excel 软件:建议 Office2013 或 Office2016,WPS2019。 邮箱:准备登录账号/密码或第三方登录码,比如 QQ 邮箱要准备账号和第三方客户端登录码。
算法模型	浏览器元素捕获适配算法。
算力要求	编辑器台式电脑/虚拟机配置建议(优先推荐台式机): 操作系统:Windows7 SP1 旗舰版 64 位、Windows10 专业版 64 位、Windows Server2016 64 位。 CPU:建议 i3 4 核心+。 内存:建议 8G+。 磁盘空间:200G+。
典型实验题目(场景4)	AI 辅助诊疗(虚拟病人模拟临床诊疗)。

续表

课程名称	人工智能导引
实验数据	数据描述：临床真实病例，包括临床问诊、查体、辅检、诊断、治疗等全流程的数据。
实验工具	虚拟病人软件：在手机端完成接诊病人、模拟问诊、模拟查体、模拟辅检、模拟诊断、模拟治疗等功能。
算法模型	大语言模型、unity 3D 场景模型。
算力要求	云服务器模式，无需现场硬件和算力要求。

4. 数智教育创新竞赛

4.1 武汉大学数智教育创新大赛

为应对数智时代对全球高等教育带来的新机遇与新挑战,实现更好地以赛促教,以赛促学,探索数智时代创新人才培养新范式,武汉大学将举办数智教育创新大赛。大赛为系列赛,2024 年率先举办了"数智+空天信息"开放地球引擎(OGE)应用创新开发赛(http://openge.org.cn/competition),后续还计划举办"数智+X"系列赛事。

4.1.1 "数智+空天信息"开放地球引擎(OGE)应用创新开发赛

开放地球引擎(Open Geospatial Engine,OGE)是武汉大学龚健雅院士团队研发的全栈自主的时空信息基础设施,于 2024 年 1 月正式发布上线(http://openge.org.cn/)。OGE 瞄准"数字地球"时空信息服务需求,具备"算力-算法-数据"弹性耦合和开放共享能力。目前,开放地球引擎服务平台汇聚了高分、哨兵、Landsat 等系列卫星遥感数据以及海量遥感样本数据,并提供了云原生算子、基础算子、专业模型 200 余个。

为锻炼大学生"数智+空间信息"应用创新能力,丰富开放地球引擎系统平台的应用场景,测绘遥感信息工程国家重点实验室、遥感信息工程学院联合大学生工程训练与创新实践中心共同主办数智教育创新大赛——"数智+空天信息"开放地球引擎应用创新开发赛(以下简称"大赛")。

竞赛官网:http://openge.org.cn/competition/。

4.1.2 大学生创新创业训练计划数智教育"揭榜挂帅"专项

大学生创新创业训练计划项目(以下简称"大创项目")是武汉大学推动

本科生尽早进入实验室、融入教师科研团队的最主要载体。为满足数智时代经济社会对数智人才的需求，打通并平衡数智人才培养的供给侧与需求侧，培养具有交叉融合学科背景、开阔的国际视野，能够服务国家重大战略需求并引领社会进步的宽口径、创新型、应用型和复合型的高端数智人才，武汉大学向校外科研机构、企事业单位征集大创项目数智教育"揭榜挂帅"项目选题，开展竞榜活动。

（1）征榜。面向相关企事业单位等广泛征集选题。出题方根据实际需求，向武汉大学工创中心提交选题。选题应聚焦科技发展前沿和关键核心技术，具备科研攻关条件，具有实际应用价值。出题方应提供必要支持，为学生攻关答题提供必需保障，可为获奖团队提供有吸引力的奖励措施（如奖金、实习就业、实践调研、产教融合等），引导鼓励更多学科背景学生想参与、能攻关、做出彩。学校综合专家意见，进行严格评估，择优确定相关榜单。

（2）发榜。选题将被纳入武汉大学本科生院"大学生创新创业项目"中，公布竞赛榜单，面向全校学生广发"英雄帖"。各学院可广泛宣传、组织发动，鼓励学生团队参与揭榜答题。

（3）竞榜。各参赛团队选择榜单中的题目开展科研攻关。出题方安排有关老师给予指导，为参赛团队提供支持保障。参赛团队提交作品。

（4）评榜。学校和出题方共同开展初审，确定入围终审的晋级作品和团队。

（5）夺榜。每个选题晋级团队完善作品，各出题方安排专门团队提供帮助和指导，冲刺攻关参加终审。终审环节，进行结题验收、现场展示和答辩，对榜单的每个选题进行评优，并且由出题方和本科生院给予奖励。

4.2 学科竞赛基本信息总览

表 17 学科竞赛基本信息总览

序号	所属领域	竞赛名称	负责学院	面向院系或专业	面向学生	历年获奖情况
1	自然科学	全国大学生物流设计大赛	经济与管理学院	物流管理	本科生	无
2	自然科学	丘成桐大学生数学竞赛	数学与统计学院	数学与应用数学	本科生	无
3	自然科学	全国大学生数学竞赛	数学与统计学院	物理、化学、生科、资环、电子信息、网安、经管、水利水电、动机等	本科生	共 42 人获国家级奖项，其中 17 人获一等奖
4	自然科学	全国大学生数模竞赛	数学与统计学院	物理、化学、生科、资环、电子信息、网安、经管、水利水电、动机等	本科生	共 95 人获国家级奖项，其中特等奖 1 项，23 人获一等奖
5	自然科学	美国大学生数学建模竞赛	数学与统计学院	数学与应用数学	本科生和研究生	共 285 人获国家级奖项，其中 3 人获特等奖，80 人获一等奖
6	自然科学	"华中杯"大学生数学建模挑战赛	数学与统计学院	数学、计算机、网安、经管、物理、化学、生科、资环、动机、水利等	本科生和研究生	共 76 人获国家级奖项

续表

序号	所属领域	竞赛名称	负责学院	面向院系或专业	面向学生	历年获奖情况
7	自然科学	全国大学生统计建模大赛	数学与统计学院	全校院系	本科生	无
8	自然科学	全国大学生物理学科系列实验竞赛（物理实验竞赛+学术竞赛）	物理科学与技术学院	物理学、微电子	本科生	共 11 人获国家级奖项，其中一等奖 2 项
9	自然科学	全国大学生化学实验竞赛	化学与分子科学学院	化学及相关专业	本科生	近 3 年获国家级奖项 6 项，其中一等奖 3 项，二等奖 2 项，三等奖 1 项
10	自然科学	全国大学生化学实验创新设计竞赛	化学与分子科学学院	化学及相关专业	本科生	近 3 年获国家级奖项 3 项，其中特等奖 1 项，一等奖 2 项
11	自然科学	全国大学生机器人大赛	动力与机械学院	以机械、能动、自动化、电气、电信、计算机、物理、数学、测绘工程、遥感科学与技术等专业为主，面向全校所有专业	本科生	共 166 人获国家级奖项，其中 35 人获特等奖，94 人获一等奖

续表

序号	所属领域	竞赛名称	负责学院	面向院系或专业	面向学生	历年获奖情况
12	自然科学	全国大学生节能减排社会实践与科技竞赛	动力与机械学院	以能动、核工、机械、能化、水利水电、土建、城设、资环、自动化、电气、电信、计算机、环境、物理、数学、测绘工程、遥感科学与技术等专业为主，面向全校所有专业	本科生	共263人获国家级奖项，其中28人获一等奖
13	自然科学	全国三维数字化创新设计大赛	动力与机械学院	动力与机械学院、城市设计学院、电气与自动化学院、资环学院	本科生和研究生	共107人获国家级奖项，其中17人获特等奖，41人获一等奖
14	自然科学	全国大学生智能汽车竞赛	电气与自动化学院	自动化、电气、机械、能动、电子信息、计算机	本科生	共110人获国家级奖项，其中69人获一等奖
15	自然科学	"中国电机工程学会杯"全国大学生电工数学建模竞赛	电气与自动化学院	电气工程、物理、数理统计、经济	本科生和研究生	共268队（804人）获得国家级奖项，其中55队（165人）获一等奖
16	自然科学	全国大学生等离子体科技创新竞赛	电气与自动化学院	电气、物理、化学、能源、环境、生物、医学、材料、空天	本科生和研究生	共68人获国家级奖项，其中19人获一等奖

序号	所属领域	竞赛名称	负责学院	面向院系或专业	面向学生	历年获奖情况
17	自然科学	全国大学生结构设计竞赛	土木建筑工程学院	土木工程、智能建造、工程力学	本科生	无
18	自然科学	全国大学生结构设计信息技术大赛	土木建筑工程学院	土木工程、智能建造、工程力学	本科生	共9人获国家级奖项
19	自然科学	全国大学生先进成图技术与产品信息建模创新大赛	城市设计学院	建筑学、城乡规划、产品设计、环境设计、机械设计制造及其自动化等	本科生	获国家级奖项156项;128人获奖,其中20人获一等奖
20	自然科学	全国大学生电子设计竞赛	电子信息学院	电子信息工程、自动化、物理学、电气、计算机等	本科生	共240人获国家级奖项,其中112人获一等奖
21	自然科学	全国大学生光电设计竞赛	电子信息学院	光电信息科学与工程、微电子科学与工程、测控技术与仪器、电子信息工程、通信工程、计算机科学与技术、机械设计制造及其自动化、电气等	本科生和研究生	共54人获国家级奖项,其中6人获一等奖
22	自然科学	全国大学生集成电路创新创业大赛	电子信息学院	电子信息工程、通信工程、电子信息科学与技术、微电子科学与工程	本科生和研究生	共368人获国家级奖项,其中98人获一等奖

续表

序号	所属领域	竞赛名称	负责学院	面向院系或专业	面向学生	历年获奖情况
23	自然科学	全国大学生嵌入式芯片与系统设计竞赛	电子信息学院	电子信息工程、通信工程、电子信息科学与技术、微电子科学与工程等	本科生和研究生	共80人获国家级奖项，其中3人获特等奖，15人获一等奖
24	自然科学	全国大学生计算机系统能力大赛	计算机学院	全校各专业	本科生	近3年4人获国家级奖项
25	自然科学	ASC世界大学生超级计算机竞赛	计算机学院	全校各专业	本科生	无
26	自然科学	国际（全国）大学生程序设计竞赛	计算机学院	全校各专业	本科生	共436人获国家级奖项，其中103人获一等奖
27	自然科学	全国大学生物联网设计竞赛	计算机学院	全校各专业	本科生	共118人获国家级奖项，其中72人获一等奖
28	自然科学	中国大学生计算机设计大赛	计算机学院	全校各专业	本科生	共699人获国家级奖项，其中177人获一等奖
29	自然科学	全国高校计算机大赛	计算机学院	全校各专业	本科生和研究生	共138人获国家级奖项，其中1人获一等奖
30	自然科学	蓝桥杯全国软件和信息技术专业人才大赛	计算机学院	全校各专业	本科生和研究生	共745人获国家级奖项，其中139人获一等奖
31	自然科学	CCF"司南杯"量子计算机编程挑战赛	计算机学院	全校各专业	本科生和研究生	无

续表

序号	所属领域	竞赛名称	负责学院	面向院系或专业	面向学生	历年获奖情况
32	自然科学	"中国软件杯"大学软件设计大赛	遥感信息工程学院	全校各专业	本科生和研究生	共49人获国家级奖项,其中16人获一等奖
33	自然科学	全国大学生测绘学科创新创业智能大赛	测绘学院	测绘工程、遥感科学与技术、地球物理学、导航工程、地理信息	本科生	共85人获国家级奖项,其中56人获特等奖,15人获一等奖
34	自然科学	全国电子数据取证竞赛	国家网络安全学院	电子信息、遥感工程、计算机科学、软件工程、网络空间安全等	本科生和研究生	无
35	自然科学	中国高校计算机大赛——网络技术挑战赛	计算机学院	全校各专业	本科生和研究生	共55人获国家级奖项,其中14人获一等奖
36	自然科学	合成生物学竞赛	药学院	生物制药、药学	本科生和研究生	共25人获国家级奖项,其中14人获一等奖
37	自然科学	中国大学生工程实践与创新能力大赛	大学生工程训练与创新实践中心	机械、自动化、计算机、电子信息、城市设计、电气工程、遥感科学与技术、软件、自动化、软件工程等	本科生	共25人获国家级奖项,其中10人获一等奖

序号	所属领域	竞赛名称	负责学院	面向院系或专业	面向学生	历年获奖情况
38	自然科学	中国机器人大赛暨Robocup世界杯中国赛	大学生工程训练与创新实践中心	计算机科学与技术、电子信息工程、测绘技术与仪器、机械设计及其自动化、自动化、测绘工程、物理科学与技术、遥感科学与技术	本科生	共104人获国家级奖项，其中31人获一等奖
39	自然科学	中国高校智能机器人创意大赛	大学生工程训练与创新实践中心	电信、机械、自动化、微电子、通信、计算机技术、软件等	本科生	共54人获国家级奖项，其中11人获一等奖
40	自然科学	睿抗机器人开发者大赛	大学生工程训练与创新实践中心	电信、机械、自动化、微电子、通信、计算机技术、软件等	本科生和研究生	共19人获国家级奖项，其中15人获一等奖
41	自然科学	中国机器人及人工智能大赛	大学生工程训练与创新实践中心	计算机、电气、机械、电子信息、自动化	本科生与研究生	共7人获国家级奖项
42	自然科学	全国工业和信息化技术技能大赛	大学生工程训练与创新实践中心	计算机、电气、机械、电子信息、自动化	本科生与研究生	共7人获国家级奖项
43	自然科学	全国大学生机器人大赛——Robomaster	大学生工程训练与创新实践中心	以机械、能动、自动化、电气、电信、计算机、物理、数学、测绘工程、遥感科学与技术等专业为主，面向全校所有专业	本科生	共15人获国家级奖项

续表

序号	所属领域	竞赛名称	负责学院	面向院系或专业	面向学生	历年获奖情况
44	自然科学	武汉大学 3D 打印大赛	图书馆	全校所有专业	本科生	无
45	空天信息	SuperMap 杯全国高校 GIS 大赛	资源与环境科学学院	地理信息科学、地理科学、人文地理与城乡规划、土地资源管理、遥感信息工程、测绘工程、城市设计	本科生和研究生	共 317 人获国家级奖项，其中 4 人获特等奖，54 人获一等奖
46	空天信息	全国高校 BIM 毕业设计创新大赛	土木建筑工程学院	土木工程、智能建造	本科生	共 32 人获国家级奖项，其中 5 人获一等奖
47	空天信息	全国大学生 GIS 应用技能大赛	遥感信息工程学院	遥感信息与技术、测绘工程、地理信息科学	本科生	共 8 人获国家级奖项，其中 4 人获一等奖
48	空天信息	全国大学生信息安全竞赛	国家网络安全学院	信息安全、网络空间安全	本科生	共 100 人获国家级奖项，其中 48 人获一等奖
49	空天信息	全国网络攻防（CTF）学科竞赛	国家网络安全学院	信息安全、网络空间安全、计算机、电信、数学	本科生和研究生	共 26 人获国家级奖项，其中 10 人获一等奖
50	空天信息	全国密码技术竞赛	国家网络安全学院	密码科学与技术、信息安全、网络安全、数学与应用数学	本科生和研究生	共 48 人获国家级奖项，其中 3 人获特等奖，12 人获一等奖
51	空天信息	DataCon大数据安全分析竞赛	国家网络安全学院	信息安全、网络安全、计算机	本科生和研究生	无

续表

序号	所属领域	竞赛名称	负责学院	面向院系或专业	面向学生	历年获奖情况
52	空天信息	未来网络科技创新大赛	国家网络安全学院	电子信息、遥感工程、计算机科学、软件工程、网络空间安全等	本科生和研究生	共2组获国家级奖项
53	健康医疗	国际基因工程机器设计大赛	生命科学学院	生物科学、生物技术、生态学、数学类、计算机类、化学类等	本科生	共34人获国家级奖项,全部为一等奖
54	健康医疗	全国大学生生命科学竞赛(科学探究类+创新创业类+湖北省大学生生物实验技能竞赛)	生命科学学院	生物科学、生物技术、生态学	本科生	共34人获国家级奖项,其中5人获特等奖,4人获一等奖
55	健康医疗	中国大学生医学技术技能大赛	医学部、第一临床学院、第二临床学院、公共卫生学院、护理学院	临床医学、预防医学、护理学	本科生	无
56	健康医疗	全国大学生基础医学创新论坛暨实验设计大赛	基础医学院	临床医学、基础医学、口腔医学、预防医学、药学	本科生	共80人获国家级奖项,其中22人获一等奖
57	健康医疗	高等医药院校大学生形态学绘图作品评选活动	基础医学院	临床医学、基础医学、口腔医学、预防医学、药学	本科生	无

序号	所属领域	竞赛名称	负责学院	面向院系或专业	面向学生	历年获奖情况
58	健康医疗	全国大学生基础医学创新研究暨实验设计论坛预防医学组	公共卫生学院	临床医学、基础医学、口腔医学、预防医学、药学	本科生	共7人获国家级奖项
59	健康医疗	全国大学生药苑论坛	药学院	生物制药、药学	本科生	共11人获国家级奖项，其中8人获一等奖
60	健康医疗	全国医药院校药学/中药学专业大学生实验技能竞赛	药学院	生物制药、药学	本科生	共2人获国家级奖项
61	工业生产	高校电气电子工程创新大赛	电气与自动化学院	电气电子、自动化、遥感测绘、物理、化学	本科生和研究生	共63人获国家级奖项，其中20人获一等奖
62	工业生产	"深水杯"全国大学生给排水科技创新大赛	土木建筑工程学院	给排水科学与工程、环境工程、环境科学、土木工程、水利水电工程	本科生和研究生	共33人获国家级奖项，其中7人获一等奖
63	工业生产	全国大学生农业水利工程及相关专业创新设计大赛	水利水电学院	农业水利工程、水利水电工程、水文与水资源工程、港口航道与海岸工程	本科生和研究生	无
64	工业生产	中国大学生服务外包创新创业大赛	计算机学院	全校各专业	本科生和研究生	共163人获国家级奖项

续表

序号	所属领域	竞赛名称	负责学院	面向院系或专业	面向学生	历年获奖情况
65	工业生产	华为 ICT 大赛	计算机学院	全校各专业	本科生和研究生	共 12 人获国家级奖项,其中 3 人获一等奖
66	金融商务	全国大学生市场调查与分析大赛	经济与管理学院	经济与管理、信息管理、新闻传播、数学、计算机、心理、社会学、人文历史、电子信息等	本科生和研究生	共 27 人获得国家级奖项,其中 5 人获一等奖
67	金融商务	"花旗杯"金融创新应用大赛	经济与管理学院	金融学、金融工程、测绘、遥感、计算机、信息管理	本科生	共 9 人获得国家级奖项
68	金融商务	"学创杯"全国大学生创业综合模拟大赛	经济与管理学院	以经济管理类专业、计算机、数学与应用数学、电子信息等专业为主,面向全校各专业	本科生	共 80 人获得国家级奖项,其中 17 人获得特等奖,27 人获一等奖
69	金融商务	全国高校商业精英挑战赛——品牌策划竞赛、会展专业创新创业实践竞赛、国际贸易竞赛、创新创业竞赛	经济与管理学院	以经济管理类专业、计算机、数学与应用数学、电子信息等专业为主,面向全校各专业	本科生	共 147 人获国家级奖项,其中 3 人获特等奖,110 人获一等奖

序号	所属领域	竞赛名称	负责学院	面向院系或专业	面向学生	历年获奖情况
70	金融商务	"中金所杯"全国大学生金融知识大赛	经济与管理学院	金融工程学、金融学以及经管学院各专业都适合	本科生和研究生	共获国家级奖项5项,其中一等奖1项
71	金融商务	全国大学生商科综合能力大赛	经济与管理学院	以经济管理类专业、计算机、数学与应用数学、电子信息等专业为主,面向全校各专业	本科生	无
72	金融商务	中国风险管理与精算论坛本科生保险产品设计竞赛	经济与管理学院	保险学、精算学、社会保障、应用统计学	本科生	近1年获国家级奖项1项
73	金融商务	康腾大学生商业案例分析大赛	经济与管理学院		本科生和研究生	
74	金融商务	全国大学生电子商务"创新、创意及创业"挑战赛	信息管理学院	信息管理、企业管理、计算机技术、遥感、新闻	本科生和研究生	共83人获国家级奖项,其中4人获特等奖,5人获一等奖
75	金融商务	全国大学生智能建造与管理创新竞赛	土木建筑工程学院	土木工程、智能建造、力学、市政工程、建筑学、项目管理等	本科生和研究生	无
76	金融商务	全国高等院校学生"斯维尔杯"BIM-CIM创新大赛	土木建筑工程学院	土木工程、智能建造、力学、市政工程、建筑学、项目管理等	本科生	共55人获国家级奖项,其中20人获一等奖

序号	所属领域	竞赛名称	负责学院	面向院系或专业	面向学生	历年获奖情况
77	金融商务	德勤税务精英挑战赛	经济与管理学院	税务、计算机、信息管理	本科生和研究生	无
78	城乡政务	全国大学生不动产估价技能大赛	资源与环境科学学院	土地资源管理、地理科学	本科生和研究生	近1年获国家级奖项8项,其中一等奖4项
79	城乡政务	全国大学生国土空间规划技能大赛	资源与环境科学学院	土地资源管理、地理科学、测绘工程	本科生	近1年获国家级奖项7项,其中特等奖4项,一等奖3项
80	城乡政务	WUPENicity大学生国际竞赛	城市设计学院	城乡规划、地理学、社会学、经济学	本科生	近3年获得国家级奖项13项,其中一等奖3项,二等奖2项,三等奖3项,提名奖5项
81	城乡政务	全国高等院校大学生乡村规划方案竞赛	城市设计学院	城乡规划、建筑学、社会学	本科生和研究生	近3年获得国家级奖项1项,其中5人获得优胜奖
82	城乡政务	全国大学生声景设计竞赛	城市设计学院	建筑学、城乡规划、风景园林、环境艺术、工业设计、心理学、物理学、文学、音乐	本科生和研究生	近2年获得国家级一等奖1项,三等奖2项
83	城乡政务	全国高等院校绿色建筑技能大赛	城市设计学院	建筑学、城乡规划、暖通、环境工程	本科生和研究生	近2年获得二等奖1项,三等奖3项,优秀奖4项,共计20人次

序号	所属领域	竞赛名称	负责学院	面向院系或专业	面向学生	历年获奖情况
84	城乡政务	中国人居环境设计学年奖	城市设计学院	城乡规划、建筑学、风景园林、环境设计	本科生和研究生	近1年获奖6项,共计20人次
85	城乡政务	IFLA 国际学生景观设计竞赛	城市设计学院	风景园林、环境设计、城乡规划、建筑学	本科生和研究生	无
86	人文社会	全国大学生广告艺术大赛	新闻与传播学院	以文科和艺术学科为主,跨专业的学生均可参赛	本科生和研究生	共125人获得国家级奖项,其中8人获一等奖
87	人文社会	中国数据新闻大赛	新闻与传播学院	新闻传播学、信息管理学、计算机相关专业、应用数学等	本科生	共37人获得国家级奖项
88	人文社会	未来设计师·全国高校数字艺术设计大赛	城市设计学院	产品设计、环境设计、建筑学、城乡规划、广告学、数字媒体、数字音乐	本科生和研究生	无
89	人文社会	全国大学生数字媒体科技作品及创意竞赛	城市设计学院	无	本科生	无
90	法务舆情	全国本科院校纳税风险管控案例大赛	经济与管理学院	财政、税务、财务管理、会计	本科生和研究生	无

4.3　学科竞赛情况简介

4.3.1　自然科学

4.3.1.1　全国大学生物流设计大赛

全国大学生物流设计大赛(National Contest on Logistics Design by University Students，简称 NCLDUS)是国内最具专业性、权威性和实用性的大学生物流竞赛之一。竞赛内容涵盖物流战略优化设计、物流网络优化设计、物流系统重组设计、物流增值服务设计、物流绩效评估设计、物流设施优化设计、物流标准化流程和物流信息系统设计等多个方面。在比赛中，参赛者需要运用物流理论和方法，针对给定的实际问题或案例，提出具有创新性和可行性的物流设计方案。自 2007 年起，该大赛被列入教育部"质量工程"项目，是教育部批准资助的九大赛事之一。

访问地址：http://www.ncld.org.cn/。

4.3.1.2　丘成桐大学生数学竞赛

丘成桐大学生数学竞赛是由丘成桐教授发起，面向中国大陆、香港及台湾地区高校在校大学生的数学竞赛。竞赛考查学生在"分析与微分方程""几何与拓扑""代数、组合与数论""应用数学与计算数学""概率与统计"五个方面的能力，并对应设立"华罗庚奖""陈省身奖""周炜良奖""林家翘奖""许宝騄奖"。每位参赛学生可参加至多四个科目的比赛，并根据参赛的三项最好成绩，评选出个人全能奖，即丘成桐奖。此外，该竞赛还设有团体赛，同一所高校的 6 位同学可以组队参赛，每个科目分别由 1 位队员负责，且每个队员只准代表团队负责 1 个科目。

访问地址：http://yau-contest.com/。

4.3.1.3　全国大学生数学竞赛

全国大学生数学竞赛（Chinese Mathematics Competitions，简称 CMC）是一项面向本科学生的全国性高水平学科竞赛，每年举办一届。该竞赛分为两个阶段：初赛和决赛。初赛的目的是测试参赛学生的数学基础知识和基本思维能力，而决赛则更注重学生的创新能力和综合素质。决赛通常包括笔试和面试两个环节，其中笔试主要考查学生的数学理论知识和解题能力，而面试则主要考查学生的表达能力、思维逻辑能力和创新能力。

访问地址：http://www.cmathc.cn/。

4.3.1.4　全国大学生数模竞赛

全国大学生数模竞赛，即全国大学生数学建模竞赛，是由中国工业与应用数学学会主办的一项学科竞赛，旨在培养学生的创新意识及运用数学方法和计算机技术解决实际问题的能力，同时推动教学改革，促进科学研究，增进国际交流。该竞赛创办于 1992 年，每年举办一届，现已成为全国高校规模最大的基础性学科竞赛，也是世界上规模最大的数学建模竞赛。竞赛题目一般来源于科学与工程技术、人文与社会科学等领域经过适当简化加工的实际问题。该竞赛要求参赛者在 3 天内完成一篇包括问题的阐述分析、模型的假设和建立、计算结果及讨论的论文。

访问地址：http://www.mcm.edu.cn/。

4.3.1.5 美国大学生数学建模竞赛

美国大学生数学建模竞赛（Mathematical Contest in Modeling/Interdisciplinary Contest in Modeling，简称 MCM/ICM）是由美国数学及其应用联合会（COMAP）主办的一项国际性数学建模竞赛，也是世界范围内最具影响力的数学建模竞赛之一。该竞赛始于 1985 年，每年举办一届，该竞赛参赛对象主要是大学生，包括本科生和研究生，参赛队伍通常由 3 名学生组成。竞赛题目一般涉及经济、管理、环境、资源、生态、医学、安全等众多领域，要求参赛者运用数学方法、计算机技术、统计分析等多种手段解决实际问题，在四天时间内完成从问题阐述、模型建立、求解、验证到论文撰写的全部工作，并提交一篇英文论文。该竞赛的奖项设置丰富，包括特等奖、一等奖、二等奖、三等奖等，同时还会评选出最佳论文奖、最佳创新奖、最佳团队奖等多个单项奖。

访问地址：http://www.comap.com/undergraduate/mcm/。

4.3.1.6 "华中杯"大学生数学建模挑战赛

"华中杯"大学生数学建模挑战赛旨在激励学生学习数学的积极性、拓展数学及相关学科的知识面、提高学生独立分析、建模、求解、应用、写作等综合能力。该竞赛由湖北省工业与应用数学学会主办。竞赛题目通常涉及实际问题的数学建模和解决，要求参赛者在规定时间内完成论文的撰写和提交。

访问地址：http://hzbmmc.com/。

4.3.1.7 全国大学生统计建模大赛

全国大学生统计建模大赛通过基于实际问题建模的方式，旨在提高大学生运用统计理论和方法解决实际问题的能力。参赛学生需要自行组建团队，针对给定的实际问题或数据集，运用统计学的理论和方法进行数据分析、建模和预测，在规定的时间内完成模型的构建和论文的撰写，并提交给大赛组委会进行评审。整个建模过程涵盖了数据收集、清洗、处理、特征提取、模型选择与建立、模型评估与优化等多个环节。大赛的评审通常基于论文的质量、建模过程的合理性、结果的准确性和创新性等多个方面进行评判。

访问地址：http://tjjmds.ai-learning.net/。

4.3.1.8 全国大学生物理学科系列实验竞赛（物理实验竞赛+学术竞赛）

全国大学生物理学科系列实验竞赛（物理实验竞赛+学术竞赛）是由国家级实验教学示范中心联席会物理学科组、全国高等学校实验物理教学研究会、教育部大学物理课程教学指导委员会大学物理实验专项委员会和中国物理学会物理教学委员会联合主办的赛事，旨在激发学生的创新思维和实践能力，提高学生的物理学术素养和研究能力。该赛事包括全国大学生物理实验竞赛和全国大学生物理学术竞赛两个部分。全国大学生物理实验竞赛主要考查学生在大学物理实验方面的能力和创新思维。竞赛分为命题类创新作品、自选课题类创新作品和大学生物理实验讲课比赛三个类别。参赛学生需要针对给定的实验题目或自选实验课题进行实验操作、数据分析和结果展示，或者参加物理实验讲课比赛，展示自己的教学能力和对物理实验的深入理解。全国大学生物理学术竞赛则主要考查学生在物理学领域的学术素养和研究能力，通常包括学术论文的撰写和答辩环节，要求学生就某一物理学领域的课题进行深入研究和探讨，并提交相应的学术论文。评审专家会根据论文的质量、研究的深度和广度、创新性等方面进行评判，并选出优秀的论文进行表彰和奖励。

访问地址：http://wlsycx.moocollege.com/。

4.3.1.9 全国大学生化学实验竞赛

全国大学生化学实验竞赛是我国高等学校化学学科最高级别的赛事，由教育部高等学校化学教育研究中心主办。竞赛通常包括实验理论笔试和实验操作考试两部分。实验理论笔试主要考查学生的化学实验理论知识、化学实验操作规范、化学实验室安全知识等。实验操作考试则主要考查学生的化学实验基本技能、实验设计与操作、数据采集和分析、常规和大型仪器的使用、图谱解析、实验总结与报告等能力。该竞赛每两年举办一届，参赛对象通常为全国各高校化学专业的本科生。

4.3.1.10 全国大学生化学实验创新设计竞赛

全国大学生化学实验创新设计竞赛是由中国化学会和教育部高等学校国家级实验教学示范中心联席会(以下简称"联席会")主办的全国性大学生学科竞赛，旨在建立一个大学生实验创新能力的展示与交流平台，推动我国高等学校实验教学改革。随着参加高校数量的增加和作品质量的不断提升，该赛事现已成为国内规模最大的高校化学类学科竞赛。

4.3.1.11 全国大学生机器人大赛

全国大学生机器人大赛 Robocon 赛事始于 2002 年，每年举办一届，目前已成为国内技术挑战性最强、影响力最大的大学生机器人赛事。由大赛的冠军队代表中国参加亚洲-太平洋广播电视联盟(Asia-Pacific Broadcasting Union，简称 ABU)主办的亚太大学生机器人大赛(ABU Robocon)。每年，由该赛事的承办国制定和发布比赛的主题和规则，参赛者需要综合运用机械、电子、控制、计算机等技术知识和手段，经过约 10 个月制作和准备，利用机器人完成规则设置的任务。

访问地址：http://cnrobocon.net/。

4.3.1.12　全国大学生节能减排社会实践与科技竞赛

全国大学生节能减排社会实践与科技竞赛是由教育部高等学校能源动力类专业教学指导委员会指导，全国大学生节能减排社会实践与科技竞赛委员会主办的学科竞赛。该竞赛以"节能减排、绿色能源"为主题，紧密围绕国家能源与环境政策，密切结合国家重大需求，在教育部的直接领导和广大高校的积极协作下，每年举办一届，现已成为一项具有导向性、示范性和群众性的全国大学生竞赛。

访问地址：http://www.jienengjianpai.org/。

4.3.1.13　全国三维数字化创新设计大赛

全国三维数字化创新设计大赛(Digital Design Dimensions Show，简称 3D 大赛、3DDS 或 3DShow)是在国家大力实施创新驱动发展战略、推动实体经济和数字经济融合发展的时代背景下开展的一项大型公益赛事，坚持"以赛促教、以赛促学、以赛促用、以赛促新"为宗旨。大赛自 2008 年发起举办以来，赛事规模稳定扩大，参赛高校连续每届超过 600 所、参赛企业每年超过 1000 家，初赛参赛人数累积突破 800 万人、省赛表彰获奖选手累积突破 20 万人、国赛表彰获奖选手累积突破 2 万人；大赛链接教育、产业、行业与政府，产教融合不断深化，政产学研用资互动不断加强，技术、人才与产业项目合作对接及产业生态平台作用日益凸显，已被教育部正式列入全国高校学科评估体系，成为全国规模大、规格高、水平强、影响广的全国大型公益品牌赛事与"数智化+创新创造"行业盛会。

访问地址：https://3dds.3ddl.net/。

4.3.1.14　全国大学生智能汽车竞赛

全国大学生智能汽车竞赛是由教育部倡导的大学生科技 A 类竞赛，常年入选教育部高教学会发布的《全国普通高校学科竞赛排行榜》。该竞赛旨在鼓励大学生组成团队，综合运用多学科知识，解决复杂问题，激发大学生从事工程技术开发和科学研究探索的兴趣和潜能，倡导理论联系实际、求真务实的学风和团队协作的人文精神。该竞赛以"智慧巡检"为主题，基于 SLAM、导航、计算机视觉、智能车和无人机协同等前沿技术，结合基础的机械设计改装，通过整合空中与地面资源，以模拟实现空地协同、无人化和智能化的城市大楼巡检工作。

访问地址：http://www.smartcarrace.com/。

4.3.1.15　"中国电机工程学会杯"全国大学生电工数学建模竞赛

"中国电机工程学会杯"全国大学生电工数学建模竞赛是一项旨在促进电气类专业建设，提高大学生针对实际问题进行数学建模及分析的综合能力的全国性学科竞赛。该竞赛由中国电机工程学会主办，每年举办一届。竞赛的内容一般来源于电气工程、近代数学及经济管理等领域，包括信息处理与预测、控制理论及应用、运筹与决策、电路与电磁场理论等相关问题。这些问题都是经过适当的简化、加工的实际问题，旨在考查参赛学生运用数学方法解决实际问题的能力。

访问地址：https://www.csee.org.cn/。

4.3.1.16　全国大学生等离子体科技创新竞赛

全国大学生等离子体科技创新竞赛是由中国电工技术学会主办的一项针对大学生的科技创新竞赛，旨在推动等离子体科学技术的发展和应用，激发大学生对等离子体及其交叉学科领域的兴趣和创新精神。该竞赛围绕等离子体的研究和应用，设置了综合创新、低碳能源、绿色环保、生命健康、科技前沿五个赛道，鼓励大学生发挥想象力和创造力，探索等离子体的新应用和新技术。

访问地址：https://ipst12.contest.chaoxing.com/portal。

4.3.1.17 结构设计大赛（全国大学生结构设计竞赛）

结构设计大赛，也称为全国大学生结构设计竞赛，是国内一项重要的学术赛事。该大赛旨在培养大学生的结构设计能力和创新思维，要求参赛学生将理论知识与实践相结合，针对给定的工程问题或挑战进行结构方案设计、模型制作及加载测试，不仅考验学生的专业知识和技术能力，还注重团队协作和沟通能力的考查。

访问地址：http://www.structurecontest.com/。

4.3.1.18 全国大学生结构设计信息技术大赛

全国大学生结构设计信息技术大赛是一项由中国土木工程学会教育工作委员会等机构共同主办，专注于信息技术在结构设计领域应用的竞赛活动。该大赛旨在促进大学生对结构设计信息技术的掌握和应用，提升学生在建筑信息模型、建筑装配化与工业化发展背景下的创新能力和实践技能。参赛学生需要具备扎实的结构设计理论基础，熟练掌握和应用相关信息技术软件，如 BIM 软件等。参赛学生还需要组建团队，利用信息技术工具进行结构设计、分析、优化等任务。

访问地址：http://www.gseducation.com.cn/。

4.3.1.19 全国大学生先进成图技术与产品信息建模创新大赛

全国大学生先进成图技术与产品信息建模创新大赛是国内工程图学类

课程最高级别的国家级赛事，旨在培养学生的大国工匠精神、合作精神，以及探索图学的发展方向。大赛每年举办一届，围绕新工科建设的科目和工程专业认证的学科，分为机械、建筑、道桥、水利四个类别。竞赛项目主要包括尺规绘图、产品信息建模、数字化虚拟样机设计、3D 打印、BIM综合应用等。参赛作品要求具备扎实的工程基础，融入学科交叉，设计应符合国家标准，并体现先进性和创新性等。

访问地址：http://www.chengtudasai.com/index/index/index.html。

4.3.1.20 全国大学生电子设计竞赛

全国大学生电子设计竞赛是教育部和工信部共同发起的大学生学科竞赛之一。该竞赛是面向大学生的群众性科技活动，目的在于推动高等学校促进信息与电子类学科课程体系和课程内容改革。该竞赛的特点是与高等学校相关专业的课程体系和课程内容改革密切结合，竞赛内容既有理论设计，又有实际制作，以全面检验和加强参赛学生的理论基础和实践创新能力，并推动课程教学、教学改革和实验室建设工作。

该竞赛每两年举办一届，在奇数年举行。偶数年开展四项专题竞赛，包括大学生电子设计竞赛嵌入式系统专题邀请赛、信息安全技术专题邀请赛、模拟电子系统设计专题邀请赛和信息科技前沿专题邀请赛。

访问地址：https://www.nuedc-training.com.cn/index/news。

4.3.1.21 全国大学生光电设计竞赛

全国大学生光电设计竞赛是由中国光学学会主办、中国光学学会光学教育专业委员会代表主办机构、全国大学生光电设计竞赛委员会具体负责的一项全国高校光电类专业重要的学科竞赛赛事，正努力打造成公认的光电专业领域规模最大、影响力最大的一项具有导向性、示范性的全国学科竞赛。赛事为全国光电及相关专业学生综合运用所学知识开展科研实践活动提供了国家级的权威交流平台。

访问地址：http://gd.p.moocollege.com/datacenter。

4.3.1.22　全国大学生集成电路创新创业大赛

全国大学生集成电路创新创业大赛是由工业和信息化部人才交流中心举办。该大赛以服务产业发展需求为导向，以提升我国集成电路产业人才培养质量为目标，打造产学研用协同创新平台，将行业发展需求融入教学过程，提升在校大学生创新实践能力、工程素质以及团队协作精神，助力我国集成电路产业健康快速发展。

访问地址：http://univ.ciciec.com/。

4.3.1.23　全国大学生嵌入式芯片与系统设计竞赛

"全国大学生嵌入式芯片与系统设计竞赛"是全国普通高校大学生竞赛国家级 A 类赛事，以"创意发挥、规范设计、突破自我、快乐大赛"为原则，采用赛题指定的开发平台为核心，根据选题指南自由选择赛题，开放式自主设计完成参赛作品。大赛旨在提高全国高校学生在嵌入式芯片及系统设计领域和可编程逻辑器件应用领域的自主创新设计与工程实践能力，培养具有创新思维、具备解决复杂工程问题能力且拥有团队合作精神的优秀人才，在活跃校园创新创业学术氛围的同时，推进高校与企业人才培养合作共建。

访问地址：http://www.socchina.net/home。

4.3.1.24　全国大学生计算机系统能力大赛

全国大学生计算机系统能力大赛是由系统能力培养研究专家组发起、

由全国高校计算机教育研究会主办、面向高校大学生的全国性大赛,旨在以学科竞赛推动专业建设和计算机领域创新人才培养体系改革,培育我国高端芯片、关键基础软件的后备人才。大赛鼓励学生设计、实现综合性的计算机系统,培养学生系统级的设计、分析、优化与应用能力,提升学生的技术创新、工程实践、团队协作能力。目前共有全国大学生计算机系统能力大赛编译系统设计赛(华为毕昇杯)和全国大学生计算机系统能力大赛操作系统设计赛两项比赛。

访问地址:https://os.educg.net/#/。

4.3.1.25　ASC 世界大学生超级计算机竞赛

ASC 世界大学生超级计算机竞赛(ASC Student Supercomputer Challenge,简称 ASC 超算竞赛),发轫于 2012 年,是世界最大规模的超算竞赛,与德国 ISC、美国 SC 并称世界三大超算竞赛。该竞赛由中国倡议成立,与日本、俄罗斯、韩国、新加坡、泰国以及中国台湾、中国香港等国家和地区的超算专家和机构共同发起并组织,得到美国、欧洲等国家和地区超算学者和组织的积极响应支持,旨在推动各国及地区间超算青年人才的交流和培养,提升超算应用水平和研发能力,发挥超算的科技驱动力,促进科技与产业创新。

访问地址:http://www.asc-events.org/StudentChallenge/Finals.html。

4.3.1.26　国际(全国)大学生程序设计竞赛

国际大学生程序设计竞赛(International Collegiate Programming Contest,简称 ICPC)是一项旨在展示大学生创新能力、团队精神以及在压力下编写程序、分析和解决问题能力的年度竞赛。经过近 40 年的发展,该竞赛已经发展成为全球最具影响力的大学生程序设计竞赛,也是全球历史最悠久、规模最大且最负盛名的程序设计竞赛。该竞赛倡导创新和团队协作，鼓励学生在构建全新的软件程序时尽情发挥创意，帮助学生检验自己在强大压力下的工作能力。

访问地址：https://icpc.global/。

4.3.1.27 全国大学生物联网设计竞赛

全国大学生物联网设计竞赛是以促进国内物联网相关专业建设和人才培养为目标，以物联网技术为核心，激发物联网相关专业学生的创造、创新、创业活力，推动高校创新创业教育而举办的面向大学生的学科竞赛。

访问地址：http://iot.sjtu.edu.cn。

4.3.1.28 中国大学生计算机设计大赛

中国大学生计算机设计大赛由教育部高等学校计算机类专业教学指导委员会、教育部高等学校软件工程专业教学指导委员会、教育部高等学校大学计算机课程教学指导委员会、教育部高等学校文科计算机基础教学指导分委员会、中国教育电视台联合主办。大赛的目的是进一步推动高校本科面向21世纪的计算机教学的知识体系、课程体系、教学内容和教学方法的改革，培养德智体美全面发展、具有运用信息技术解决实际问题的综合实践能力、创新创业能力，以及团队合作意识的人才。

访问地址：https://jsjds.blcu.edu.cn/index.htm。

4.3.1.29 中国高校计算机大赛——网络技术挑战赛

中国高校计算机大赛——网络技术挑战赛是由教育部高等学校计算机类专业教学指导委员会等权威机构联合主办的一项大型赛事，旨在推动高校计算机教育的发展，提升大学生在计算机网络技术领域的实践能力和创新意识。参赛者需自行组建团队，完成一系列网络技术挑战任务，包括网络安全、网络编程、数据分析等。在比赛过程中，学生们不仅能够深入了解计算机网络技术的最新发展，锻炼自己的技术实力，还能与来自全国各地的同行交流学习，拓宽视野。

访问地址：http://net.c4best.cn/。

4.3.1.30　蓝桥杯全国软件和信息技术专业人才大赛

蓝桥杯全国软件和信息技术专业人才大赛是由中华人民共和国工业和信息化部人才交流中心主办，国信蓝桥教育科技(北京)股份有限公司承办的计算机类学科竞赛。该大赛的题目具有实际意义和应用背景，既能使一般参赛学生在规定时间内完成基本要求，又能使优秀学生有发挥与创新的余地，并考虑到教学的基本内容和新技术的应用趋势，同时应对教学内容和课程体系改革有一定的引导作用。总决赛由蓝桥杯全国软件和信息技术专业人才大赛命题专家组统一命题；由蓝桥杯全国软件和信息技术专业人才大赛专家指导委员会审题组专家对所有备选题目进行审核，指定审核标准。

4.3.1.31　CCF"司南杯"量子计算编程挑战赛

CCF"司南杯"量子计算编程挑战赛由中国计算机学会(China Computer Federation，简称CCF)主办，旨在推动我国量子计算创新发展，助力高校、企业量子计算人才培养。该大赛特设百万现金奖池、头部企业OFFER直签卡、院士签名珍藏版书籍等丰厚奖品。比赛基于本源量子的QPanda/pyQPanda编程框架来进行答题，大赛官网会提供在线集成开发环境IDE，参赛选手可以通过参赛页面学习资料进行学习准备。

访问地址：https://learn.originqc.com.cn/zh/contest。

4.3.1.32 "中国软件杯"大学生软件设计大赛

"中国软件杯"大学生软件设计大赛是由中国工业和信息化部、教育部、江苏省人民政府等共同主办的一项大型赛事,专门面向全国高校全日制本科生和硕士研究生,旨在通过软件设计竞赛的形式,发现和培养优秀的软件设计人才,推动软件技术的创新与发展,促进软件产业与教育的深度融合。大赛自 2016 年首届举办以来,吸引了来自全国各地高校的数千支队伍参与。参赛作品涵盖了众多领域,如人工智能、大数据、云计算、物联网等,充分展示了大学生在软件设计方面的创新能力和技术水平。

访问地址:https://www.cnsoftbei.com/。

4.3.1.33 全国大学生测绘学科创新创业智能大赛

全国大学生测绘学科创新创业智能大赛于 2023 年入选《全国普通高校大学生竞赛目录》,是测绘科技创新的最高级别赛事。大赛设测绘技能竞赛(含虚拟仿真数字测图比赛、测绘程序设计比赛、无人机航测虚拟仿真比赛、机载激光雷达虚拟仿真比赛)、开发设计竞赛(分创新开发比赛、创新设计比赛和创业计划比赛三个类别)、科技论文竞赛。大赛分为专业组和非专业组。专业组包括测绘工程、遥感科学与技术、导航工程、地理国情监测、地理空间信息工程等测绘类专业,其他专业本科生可以参加非专业组比赛。

大赛每年举行一届,分为预赛(校赛、省赛)和决赛(国赛),奖项设置特等奖(5%)、一等奖(10%)、二等奖(15%)。

访问地址:https://smt.whu.edu.cn/。

4.3.1.34 全国电子数据取证竞赛

全国电子数据取证竞赛是一项专注于电子数据取证领域的国家级赛事,

汇聚了国内知名高校、公安机关、科研机构和企业的力量，旨在提升电子数据取证技术、培养专业人才并推动行业发展。该竞赛汇聚了国内知名高校、公安机关、科研机构和企业的力量，共同推动电子数据取证技术的进步。参赛者需展示其在电子数据取证方面的专业知识和实战能力，解决实际场景中的取证难题。

访问地址：https://www.qianxin.com/panguitecup/2023。

4.3.1.35　中国高校计算机大赛（大数据挑战赛、团体程序设计天梯赛、人工智能创意赛、移动应用创新赛、智能交互赛）

中国高校计算机大赛是由教育部高等学校计算机类专业教学指导委员会、教育部高等学校软件工程专业教学指导委员会，教育部高等学校大学计算机课程教学指导委员会和全国高等学校计算机教育研究会联合主办，面向高校学生的高水平计算机类系列竞赛，由清华大学、浙江大学、温州大学等高校承办，合作单位有腾讯微信、百度、网易、苹果、思科、快手、字节跳动等知名企业。

"团体程序设计天梯赛"重点考查参赛队伍的基础程序设计能力、数据结构与算法应用能力，并通过团体成绩体现高校在程序设计教学方面的整体水平。竞赛题目均为在线编程题，由搭建在网易服务器上的 PAT 在线裁判系统自动评判。难度分为 3 个梯级：基础级、进阶级、登顶级。以个人独立竞技、团体计分的方式进行排名。

"人工智能创意赛"由教育部高等学校计算机类专业教学指导委员会、教育部高等学校软件工程专业教学指导委员会、教育部高等学校大学计算机课程教学指导委员会、全国高等学校计算机教育研究会于 2018 年联合创办。竞赛旨在提升人工智能创新实践应用能力，培养团队合作精神，促进校际交流，丰富校园学术气氛，推动"人工智能＋X"知识体系下的人才培养。

"移动应用创新赛"旨在促进高校计算机课程教学内容和教学方法改革，激发学生创新意识，提升学生利用计算机分析问题、解决问题的能力，特别是移动应用的设计与开发能力，提高高校移动应用开发类课程的教学水平，促进校际交流，丰富校园学术气氛。

"智能交互赛"旨在进一步提升学生对新一代智能交互技术的认知和应用能力，推动智能交互技术与艺术、设计、工程、科学等领域的跨学科互动，培育新一代交叉创新人才生态体系，推进人、机、物三元融合产业的发展和革新；嵌入式设计赛旨在深化高等学校嵌入式、机器人、物联网系统人才培养模式、实践教学的改革，进一步推进工业化和信息化的融合提供了有效的工程人才培养模式。生成式人工智能（Artificial Intelligence Generated Content，简称 AIGC）创新赛旨在以 vivo 自研通用大模型矩阵为技术底座，助力 AIGC 应用创新和内容创作，携手青年开发者共同推动大模型前沿技术快速发展，实现 AI 普惠。

访问地址：http://www.c4best.cn/，https://dasai.lanqiao.cn/。

4.3.1.36　合成生物学竞赛

合成生物学竞赛是一项专注于合成生物学领域的全球性学术竞赛，旨在汇聚全球顶尖的学者和大学生，共同探索合成生物学的创新和应用。该竞赛聚焦于合成生物学的不同领域，如基因编辑、代谢工程、合成基因回路等。参赛者需要提交自己的合成生物学研究项目或创新想法，经过评审后，优秀项目将有机会在全球总决赛中展示。这一竞赛要求参赛者具备扎实的合成生物学知识、创新思维和实践能力。

访问地址：http://www.synbiochallenges.com/。

4.3.1.37 中国大学生工程实践与创新能力大赛

中国大学生工程实践与创新能力大赛是由教育部、工业和信息化部、中国工程院共同主办的全国性赛事，由全国大学生工程训练综合能力竞赛升级和完善而来，也是教育部高教司举办的三个全国性赛事之一。大赛每两年举办一届，大赛设 3 个赛道 8 个赛项，面向全国各类本科院校在校大学生，实行校、省(自治区、直辖市)、全国三级竞赛制度，以校级竞赛为基础，逐级选拔进入上一级竞赛。

访问地址：http://www.gcxl.edu.cn/new/index.html。

4.3.1.38 中国机器人大赛暨 Robocup 世界杯中国赛

中国机器人大赛暨 Robocup 世界杯中国赛是中国影响力最大、综合技术水平最高的机器人学科竞赛之一，由中国自动化学会主办。竞赛每年举办一届，分为 18 个大项 37 个子项，覆盖空中机器人、无人水面舰艇、救援机器人、足球机器人等多项符合机器人发展热点和难点的比赛项目，涵盖了机器人导航、感知、控制、人机交互等多个方面，要求参赛者具备扎实的机器人技术基础和创新能力。

访问地址：http://robocup. drct-caa.org.cn/index.php。

4.3.1.39 中国高校智能机器人创意大赛

中国高校智能机器人创意大赛由中国高等教育学会、教育部工程图学课程教学指导委员会、中国高校智能机器人创意大赛组委会共同主办。大赛每年举办一届，大赛主要分为三大主题赛和专项赛，其中三大主题赛分别为主题一(创意设计)：家用智能机器人——让生活更美好，主题二(创意竞技)——挑战更快，主题三：智能机器人对抗赛——挑战更强。各主题赛下又设置了若干子赛道，专项赛为俄罗斯方块机器人、四足智能机器人对抗赛、VEX U 智能机器人对抗赛等，大赛以"更好、更快、更强"为主题，以培养学生提出问题能力为起点，形成问题提出、方案解决、技术创新和后期孵化一体化的人才培育链条，助力机器人相关人才培养成效显著。

访问地址：http://robo-maker.org/dszq/gedou/。

4.3.1.40　睿抗机器人开发者大赛

睿抗机器人开发者大赛由工业和信息化部人才交流中心主办，旨在通过多种比赛方式，搭建人工智能与机器人领域的交流平台，推进高等教育知识与实践相结合，助推教育与产业的对接与转化，发掘学习型、知识型、创新型、复合型的技能人才。大赛主要分为 CAIA 数字文化创意赛道、CAIP 信息技术创新赛道、CAIR 工程竞技赛道、CAIM 工程创客赛道 4 个赛道。大赛连续入选中国高等教育学会高校竞赛评估与管理体系研究专家工作组发布的《全国普通高校大学生竞赛分析报告》竞赛目录。

访问地址：https://www.raicom.com.cn/。

4.3.1.41　中国机器人及人工智能大赛

中国机器人及人工智能大赛始于 1999 年，是一项历史悠久、规模宏大、影响广泛的全国性机器人竞赛，涵盖机器人导航、感知、控制、人机交互等多个方面，已为我国培养了大量"能动手""敢创新""善协作"的复合型人才。大赛旨在引导和激励大学生弘扬创新精神，助力人工智能、机器人产业发展，推动"人工智能+""机器人+"新经济产业体系建设。

访问地址：https://www.caairobot.com/。

4.3.1.42 全国工业和信息化技术技能大赛

全国工业和信息化技术技能大赛是由工业和信息化部、人力资源社会保障部、教育部、中华全国总工会和共青团中央共同主办的国家一类职业技能大赛，旨在推动制造业数字化转型，选拔和培养高素质专业化人才。大赛设置多个赛项，包括工业机器人技术应用、集成电路 EDA 开发应用、工业大数据算法等，都是当前推动制造业数字化转型的重点专业领域。该大赛要求参赛者具备扎实的专业知识和实操能力，通过竞赛精准对接生产实际中面临的重点、难点问题，考查选手的专业素养和实践能力。

访问地址：https://www.miiteec.org.cn/plus/list.php？tid＝28。

4.3.1.43 全国大学生机器人大赛——Robomaster

全国大学生机器人大赛，作为中国最具影响力的机器人项目，是一个全球独创的机器人竞技平台，涵盖了机器人赛事、机器人生态以及工程文化等多项内容。该大赛自其诞生以来，凭借其颠覆传统的比赛方式、震撼人心的视听冲击力以及激烈硬朗的竞技风格，吸引了全国数百所高等院校、近千家高新科技企业以及数以万计的科技爱好者的深度关注。此外，该大赛还提供了机器人相关的夏令营、俱乐部、机器人课程等科技项目，为科技爱好者提供了一个全方位的平台来实现他们的科技理想。

访问地址：https://www.robomaster.com/zh-CN。

4.3.1.44 武汉大学 3D 打印大赛

武汉大学 3D 打印大赛是一项旨在推动 3D 打印技术与设计创新的赛事，自 2016 年起已成功举办多届。该大赛不仅是一场技术竞赛，更是一个 3D 打印设计与技术的交流平台，旨在促进创新思维和技术应用的融合。大赛吸引了来自武汉大学及其他高校的学生积极参与，涵盖了多个学科领域，如机械工程、材料科学、艺术设计等。

访问地址：https://www.lib.whu.edu.cn/webfile/category/3D_disign/640.html。

4.3.2 空天信息

4.3.2.1 SuperMap 杯全国高校 GIS 大赛

SuperMap 杯全国高校 GIS 大赛是一项面向大学生的创新型科技竞赛，由中国地理学会、中国地理信息产业协会主办。参赛对象主要是全国高校在籍学生，包括专科、本科和研究生，学生可以自由组队参赛，每个团队由 1~4 名参赛学生和至多 2 名指导教师组成。大赛设置多个竞赛组别：制图组(自由选题，内容不限。通过数据的加工处理和制图的表达手段，创作具有特色风格的专题平面地图)、分析组(自由选题，内容不限。通过对空间数据的分析和挖掘，解决行业应用和日常生活中的实际需求)、命题开发组(统一命题，提供部分数据，根据题目要求完成 GIS 应用系统的功能开发)和开发组(自由选题，内容不限。结合当前的主流 GIS 技术，设计并开发应用系统，体现 GIS 在各个领域的应用价值)。

访问地址：http://www.giscontest.com/cn/。

4.3.2.2 全国高校 BIM 毕业设计创新大赛

全国高校 BIM 毕业设计创新大赛贯彻落实国家"十四五"规划关于加快数字化发展、建设数字中国的战略部署，旨在推动建筑信息模型(BIM)技术在高校毕业设计中的应用和发展，培养大学生的创新精神和实践能力。该大赛每年举办一届，已成为全国规模最大、涵盖专业最多的高校土木建筑专业赛事之一，也是教育部认定的全国大学生学科竞赛之一。

访问地址：https://gxbsxs.glodonedu.com/#/home。

4.3.2.3 全国大学生 GIS 应用技能大赛

全国大学生 GIS 应用技能大赛是一项专注于地理信息系统（GIS）应用技能的全国性大学生竞赛。该赛事由中国地理信息产业协会、中国地理学会联合主办，由地理信息学科相关院校轮流承办，旨在通过全国性的专业能力竞赛，综合考查学生基于 GIS 软件平台，综合运用相关技术与方法，解决问题的实际能力，达到以赛促学、以赛促教，并促进我国 GIS 专业教学水平的提升。赛事是实际操作竞赛，涵盖了 GIS 技术的核心应用领域，如地理空间数据采集、存储、管理、分析、建模、地图制图等。

访问地址：http://www.cagis.org.cn/。

4.3.2.4 全国大学生信息安全竞赛

全国大学生信息安全竞赛是一项专注于信息安全领域的全国性大学生竞赛，旨在提高大学生对信息安全的认识和技能水平，培养信息安全领域的优秀人才，推动信息安全产业的发展。该竞赛分为校内赛、全国初赛和全国决赛三个阶段。竞赛采用开放式自主命题、自主设计的方式，要求参赛者运用所学信息安全知识和技能，解决实际的安全问题。

访问地址：http://www.ciscn.cn/。

4.3.2.5 全国网络攻防（CTF）学科竞赛

全国网络攻防（Capture The Flag，简称 CTF）学科竞赛是一项专注于网络安全技术的全国性大学生竞赛。参赛者需要组建团队，通过解决一系列安全挑战来获取旗帜（flag），这些挑战涉及密码学、逆向工程、漏洞利用、网络分析等多个领域。竞赛考查参赛者的技术实力、团队协作和创新能力，同时也强调参赛者在实际网络环境中的攻防能力。

访问地址：https://ctfwar.org.cn/。

4.3.2.6 全国密码技术竞赛

全国密码技术竞赛是由国家密码管理局指导、中国密码学会主办的一项全国性大学生竞赛，旨在提高大学生对密码技术的认识和应用能力，发现和培养密码技术领域的优秀人才，推动密码技术的发展和应用。该竞赛通常分为初赛、复赛和决赛三个阶段。参赛者需要运用所学的密码学知识和技能，解决一系列与密码技术相关的挑战和问题。竞赛的内容涵盖了密码学理论的多个方面，如对称密码、公钥密码、密码协议等，同时也涉及密码技术在实际应用中的场景和挑战。

访问地址：https://www.chinacodes.com.cn/login/initlogin.do。

4.3.2.7 DataCon 大数据安全分析竞赛

DataCon 大数据安全分析竞赛是由奇安信集团、清华大学网络研究院联合发起并主办的一项大型网络安全竞赛。该竞赛聚焦大数据安全分析领域，旨在选拔和培养积极防御型网络人才，提高参赛者在大数据安全分析方面的实战能力。该竞赛的特点在于强调"实战化"，模拟真实网络环境的攻防对抗场景，重点考查选手利用新技术方法解决不同场景安全问题的能力。竞赛通常分为初赛、复赛和决赛三个阶段，参赛者需要组建团队，通过分析和解决一系列与大数据安全相关的挑战和问题来展示自己的技能。

访问地址：https://datacon.qianxin.com/home

4.3.2.8 未来网络科技创新大赛

未来网络科技创新大赛是一项旨在推动网络科技创新和应用的全国性

竞赛。该竞赛由多个知名企业和高校联合发起，旨在发掘和培养网络科技领域的优秀创新人才，推动网络科技的创新和发展。该大赛的参赛项目涉及网络技术的多个方面，如网络架构、网络安全、网络应用等。参赛者需要提交自己的创新项目，并通过初赛、复赛和决赛的评审和展示，展示自己的创新能力和技术实力。

访问地址：https://www.gfnds.com/competition_list/125.html。

4.3.3 健康医疗

4.3.3.1 国际基因工程机器设计大赛

国际基因工程机器设计大赛（International Genetically Engineered Machine Competition，简称 IGEM）是合成生物学领域的国际顶级大学生科技赛事，是涉及数学、计算机、统计学等领域交叉合作的跨学科竞赛，也是一年一度的全球合成生物学盛会，主要针对在校本科生，后逐渐扩大到研究生以及高中生。参赛团队需要利用标准生物模块来构建基因回路、建立有效的数学模型，实现对精致复杂人工生物系统的预测、操纵和测量以完成比赛。

访问地址：https://igem.org/。

4.3.3.2 全国大学生生命科学竞赛（科学探究类+创新创业类+湖北省大学生生物实验技能竞赛）

全国大学生生命科学竞赛是一项由中国科学技术协会主办的学科竞赛，旨在促进生命科学领域的教学改革和人才培养。该竞赛自 2009 年起开始举办，每年举办一届，参赛对象为全国高校在籍本科生或硕士研究生。该竞赛的内容涵盖生命科学领域的多个方面，包括生物技术、生物医学、生物信息学、生态学等。该竞赛包括初赛和决赛两个阶段，初赛通常采用线上评审的方式，决赛则采用现场答辩或线上答辩的方式，参赛者需要按照竞赛要求提交相应的参赛作品或方案，经过专家评委的评审和打分，最终评选出获奖者。

访问地址：https://culsc.cn/#/Home。

4.3.3.3 中国大学生医学技术技能大赛

中国大学生医学技术技能大赛，也被称为全国大学生医学技术技能大赛，是由教育部组织举办的一项国家级、全国性的医学学科竞赛。该竞赛涉及医学领域的多个方面，如临床医学、中医学、预防医学、护理学等，设有不同的赛道，参赛者需要在这些领域展示他们的专业知识和技能。

访问地址：http://medu.bjmu.edu.cn/jnds/。

4.3.3.4 全国大学生基础医学创新论坛暨实验设计大赛

全国大学生基础医学创新论坛暨实验设计大赛是我国基础医学领域最高级别的学生学科竞赛之一，也是全国基础医学教育领域影响力最大的大学生创新研究和实验设计竞赛平台。该论坛旨在为大学生提供一个展示基础医学创新研究成果和实验设计能力的舞台，推动基础医学领域的创新与发展。参赛者需要提交自己的基础医学创新研究或实验设计项目，经过初选后，优秀项目将有机会在全国总决赛中展示。该论坛不仅关注项目的科学性和创新性，还注重参赛者的实验技能、团队协作和表达能力。

访问地址：http://www.nbmcf.org.cn/。

4.3.3.5 高等医药院校大学生形态学绘图作品评选活动

高等医药院校大学生形态学绘图作品评选活动是一项旨在促进医药院校学生形态学绘图技能提升和创新能力发展的赛事。该评选活动鼓励学生运用形态学知识，通过绘图的形式展示他们对医学形态结构的理解与创新。参赛作品通常涵盖了人体解剖学、病理学、生理学等多个医学领域，要求参赛者以精准、生动的绘图技巧，展现医学形态的细节与特点。评选标准不仅包括绘图的技巧和专业性，还注重作品的创新性和实用性。

访问地址：https://www.digihuman.com/。

4.3.3.6 全国大学生基础医学创新研究暨实验设计论坛预防医学组

全国大学生基础医学创新研究暨实验设计论坛预防医学组，是国内预防医学领域的一项重要学术竞赛活动，旨在推动预防医学领域的研究和发展，激发大学生的创新精神和科研能力，提高预防医学教育的质量和水平。该论坛的预防医学组专注于预防医学领域的创新研究和实验设计，吸引了全国范围内各大高校预防医学专业的优秀大学生参与。参赛者需要提交自己的预防医学创新研究或实验设计项目，经过初选后，优秀项目将有机会在全国总决赛中展示。

访问地址：http://www.jcyxds.com/home。

4.3.3.7 全国大学生药苑论坛

全国大学生药苑论坛是国内药学领域的一项重要学术交流和竞赛活动。该论坛注重科学性、创新性和实用性，旨在鼓励大学生积极投身药学研究，培养他们的科研能力和创新思维。此外，该论坛还为药学领域的专家学者提供了一个交流和合作的平台，有助于推动药学领域的科技进步和人才培养。

访问地址：https://jzw.cpu.edu.cn/1050/list.htm。

4.3.3.8 全国医药院校药学/中药学专业大学生实验技能竞赛

全国医药院校药学/中药学专业大学生实验技能竞赛是一项旨在提升药

学和中药学专业大学生实验技能水平的重要赛事。该竞赛由教育部高等学校国家级实验教学示范中心联席会、全国药学类院校大学生专业技术与实验技能竞赛组委会等多个权威机构共同主办，具有极高的权威性和影响力。竞赛内容包括实验理论和实验操作两部分，要求参赛者全面展示他们在药学和中药学领域的实验技能和知识。

访问地址：https://jzw.cpu.edu.cn/1051/list.htm。

4.3.4 工业生产

4.3.4.1 高校电气电子工程创新大赛

高校电气电子工程创新大赛是一项旨在促进电气电子工程专业学生创新能力、实践能力和团队协作能力的综合性赛事。该大赛包括理论和实践竞赛，理论设计竞赛要求参赛学生在电气电子工程领域进行理论创新，提出新颖的设计方案。实践操作比赛是检验学生动手能力和实践技能的重要环节。参赛学生需要按照任务要求，完成一系列的实验操作或项目制作，展示其在实际操作中的熟练度和技巧。

访问地址：https://eeeic.ces.org.cn/。

4.3.4.2 "深水杯"全国大学生给排水科技创新大赛

"深水杯"全国大学生给排水科技创新大赛是由教育部高等学校给排水科学与工程专业指导分委员会和中国城镇供水排水协会科学技术委员会共同主办的一项全国性大学生科技创新竞赛。参赛对象主要是全国高校给排水科学与工程专业的在校本科生。大赛内容涵盖知识竞赛和创意大赛两大环节，要求参赛学生综合运用所学的专业知识，针对市政给排水、建筑给排水、污泥处理与资源化、智慧水务、水资源综合管理与保护、水质监测等领域的问题，提出创新的解决方案。

访问地址：https://cuwa.org.cn/。

4.3.4.3 全国大学生农业水利工程及相关专业创新设计大赛

全国大学生农业水利工程及相关专业创新设计大赛是一项旨在推动农业水利工程领域创新设计与实践的竞赛活动，大赛以"绿色·高效·智慧水利支撑农业高质量"为主题，紧密围绕农业节水、智慧供水、精准用水、非常规水源利用、水处理等方面展开，通过水利科技创新，推动新阶段农业水利工程技术的高质量发展，加速智慧水利与智慧农业的发展，助力农业农村现代化的实现。

访问地址：https://www.huaweibei.com/。

4.3.4.4 中国大学生服务外包创新创业大赛

中国大学生服务外包创新创业大赛(简称"服创大赛")是服务外包领域唯一的创新、创业国家级赛事。该大赛每年举办一届，已连续举办了 15 届。该大赛紧贴现代服务经济和创新、创业、创富主题，强调应用导向和产学互动，在服务外包领域搭建一个大学生创新与创业能力展示平台。大赛设置三个竞赛类别，分别是企业命题类(A 类)、创业实践类(B 类)和创响无锡类(C 类，23 年新增赛道)。

访问地址：http://www.fwwb.org.cn/。

4.3.4.5 华为 ICT 大赛

华为信息与通信技术(Information and Communications Technology，简称 ICT)大赛是华为公司打造的面向全球大学生的年度 ICT 赛事。大赛以"联接、荣耀、未来"为主题，以"I. C. The Future"为口号，旨在为全球高校大学生打造国际化竞技和交流平台，提升学生的 ICT 知识水平和实践动手能力，推动人类科技发展，助力全球数字包容。该赛事自 2015 年举办以来，影响力日益增强，已被中国高等教育学会正式纳入全国普通高校大学生竞赛项目榜单。

访问地址：https://e-campaign.huawei.com/cn/rcfz/ICT2022/。

4.3.5　金融商务

4.3.5.1　全国大学生市场调查与分析大赛

全国大学生市场调查与分析大赛由中国商业统计学会创办于 2010 年，是由教育部高等学校统计学类专业教学指导委员会和中国商业统计学会共同主办，正大集团冠名，面向全国高校大学生的一项公益性专业赛事。该大赛连续五年跻身《全国普通高校学科竞赛榜单》前列，是全国一流的公益性专业品牌赛事，也是海峡两岸暨港澳学术引领、政府支持、企业认可、高校师生积极参与的多方协同育人平台。高等院校在校专科生、本科生、研究生、在华留学生均可报名参赛，专业不限。

访问地址：http://www.china-cssc.org/。

4.3.5.2　"花旗杯"金融创新应用大赛

"花旗杯"金融创新应用大赛旨在激发大学生对金融科技的热爱和创新精神，通过团队协作，鼓励学生综合运用所学知识，提出具有商业化前景的金融创新解决方案。该大赛通常包括初赛、复赛和决赛等多个阶段。参赛团队需要围绕大赛主题，提交创新性的金融科技应用方案，经过评审后，优秀团队将有机会获得丰厚的奖金和实习机会等奖励。

4.3.5.3　"学创杯"全国大学生创业综合模拟大赛

"学创杯"全国大学生创业综合模拟大赛是由高等学校国家级实验教学示范中心联席会经济与管理学科组和中国陶行知研究会联合主办的一项比赛，旨在鼓励和促进大学生创新创业，大赛通常包括多个环节，如商业计划书撰写、创业项目路演、模拟经营等，要求参赛者综合运用所学知识，发挥创意和想象力，完成一系列创业任务。这不仅需要参赛者具备扎实的专业知识，还需要具备良好的团队合作和沟通能力。

访问地址：http://www.xcbds.com/cyds/index。

4.3.5.4　全国高校商业精英挑战赛——品牌策划竞赛、会展专业创新创业实践竞赛、国际贸易竞赛、创新创业竞赛

全国高校商业精英挑战赛是由多个子竞赛组成的综合性商业竞赛平台，其中包括品牌策划竞赛、会展专业创新创业实践竞赛、国际贸易竞赛和创新创业竞赛。该竞赛是由全球华人营销联盟（Global Chinese Marketing Federation，简称 GCMF）、中国国际贸易促进委员会商业行业委员会等多个权威机构联合主办的国家级 A 类赛事。参赛团队需要综合运用所学知识，分析市场趋势，制定切实可行的营销策略和推广方案。参赛团队需要提交一份完整的创业计划书，并经过层层选拔进入总决赛。在总决赛中，参赛团队需要进行项目视频展示和答辩，展示他们的创新思维和商业潜力。

访问地址：http://cubec.org.cn/qggxsyjytzs。

4.3.5.5　"中金所杯"全国大学生金融知识大赛

"中金所杯"全国大学生金融知识大赛是由中国金融期货交易所主办的

一项面向全国大学生的金融知识竞赛。大赛通常分为初赛和决赛两个阶段。初赛通常采用线上答题的形式,考查参赛者的金融基础知识、分析能力和解决问题的能力。决赛则通常采用现场答辩或线上视频答辩的形式,考查参赛者的综合素质和应变能力。在参赛对象上,该大赛通常面向中国及海外满足条件的普通高校全日制在校大学生,包括专科、本科、硕士、博士。在职人员、历届特等奖或累计两届获奖者(不含优胜奖、励志基金获奖者)一般不在参赛对象之列。

访问地址:https://www.e-cffex.com.cn/mobile/zxgg/。

4.3.5.6　全国大学生商科综合能力大赛

全国大学生商科综合能力大赛通常由相关高等教育机构或行业协会主办,面向全国高校商科专业的学生举办。大赛通常包括初赛和决赛两个阶段。初赛通常采用线上提交商业计划书或案例分析报告的形式,考查参赛者的商业思维、分析能力和文字表达能力。决赛则通常采用现场答辩或线上视频答辩的形式,考查参赛者的综合素质和应变能力。在参赛对象上,该大赛通常面向全国高校商科专业的学生,包括本科生、硕士研究生等。参赛者需要具备一定的商业知识和实践经验,能够独立完成商业策划或案例分析,并具备良好的团队合作精神和创新意识。

访问地址:http://www.csicc.edu.cn/。

4.3.5.7　中国风险管理与精算论坛本科生保险产品设计竞赛

中国风险管理与精算论坛本科生保险产品设计竞赛旨在增强学生对保险产品设计、风险管理和精算等领域的理解和实践能力。在竞赛中,参赛学生需要针对特定的保险产品设计题目,进行深入的市场调研、风险分析和产品设计。在竞赛过程中,学生们还需要进行答辩和展示,与评委和同行进行交流和探讨。

4.3.5.8 康腾大学生商业案例分析大赛

康腾大学生商业案例分析大赛旨在激发大学生的商业创新思维，提升解决实际商业问题的能力，加深对商业理论与实践相结合的认识。全国各高校全日制本科生及硕士研究生均可报名参赛。学生须以团队形式参赛，每个团队由 3~5 名成员组成。初赛阶段，参赛团队须针对大赛提供的商业案例进行深入研究，完成分析报告。决赛通常采用现场答辩或线上答辩的形式，参赛团队须就分析报告进行展示，并回答评审团的问题，将考验参赛团队的临场应变能力和团队协作精神。

4.3.5.9 全国大学生电子商务"创新、创意及创业"挑战赛

全国大学生电子商务"创新、创意及创业"挑战赛(简称"三创赛")是一项由教育部主办、面向全国高校(含港澳台地区)的大学生学科性竞赛。通过参与这一竞赛，大学生们可以将所学的电子商务知识与实践相结合，探索创新的商业模式和解决方案，从而提升自己的创业能力和综合素质。参赛者需要围绕电子商务领域的相关问题，提出具有创新性和实用性的解决方案，并通过竞赛展示自己的才华和创意。

访问地址：http://www.3chuang.net/index.php。

4.3.5.10 全国大学生智能建造与管理创新竞赛

全国大学生智能建造与管理创新竞赛由教育部工程管理和工程造价专业教学指导分委会主办，面向土木类相关专业学生举办的全国性赛事。该竞赛围绕智能建造和管理模式创新，鼓励采用新技术、新工具或方法解决工程管理领域的问题，培养学生的信息化建模能力、虚拟成像能力、团队

协作能力、创新实践能力等综合型能力，并借此促进智能建造专业实践教学的建设与发展，激发传统建筑与土木工程专业实践教学改革的新活力。通过参与此竞赛，大学生们可以深入了解智能建造与管理领域的最新技术和发展趋势，提升自己的专业素养和实践能力，为未来的职业发展打下坚实基础。

访问地址：https://civil.seu.edu.cn/ibic/main.psp。

4.3.5.11 全国高等院校学生"斯维尔杯"BIM-CIM 创新大赛

在智慧城市、数字中国的大背景下，为了推动建设行业信息化发展及建筑信息模型(Building Information Modeling，简称 BIM)、城市信息模型(City Information Modeling，简称 CIM)技术复合型人才培养，全国高等院校学生"斯维尔杯"BIM-CIM 创新大赛应运而生。该大赛旨在提供一个平台，让高校的学生能够展示他们在 BIM(建筑信息模型)和 CIM(城市信息模型)技术方面的创新能力和应用实践。通过参与这项赛事，学生们不仅能够锻炼自己的 BIM 和 CIM 技术应用能力，还能够了解行业最新动态和技术发展趋势。此外，大赛还促进了高校、企业和研究机构的合作与交流，推动了BIM 和 CIM 技术在建筑行业的应用和发展。

访问地址：https://www.ccen.com.cn/index.htm。

4.3.5.12 德勤税务精英挑战赛

德勤税务精英挑战赛是由上海德勤税务师事务所及德勤税务研究学会每年为大中华区两岸四地高等院校学生举办的一项国际化、专业化的税务专项赛事。该大赛包括初赛和总决赛两个阶段。初赛主要在线上进行，题型为选择题，考查参赛者的基础知识掌握情况和问题分析能力。而总决赛则采用现场案例的形式，要求参赛者快速反应、灵活应变，并能够熟练运用税法知识进行案例分析。此外，德勤税务精英挑战赛还注重培养参赛者的英文及逻辑能力、团队合作与沟通能力以及税务数字化方案的提出能力。

访问地址：https://www2.deloitte.com/cn/zh/pages/tax/topics/deloitte-tax-championship.html。

4.3.6 城乡政务

4.3.6.1 全国大学生不动产估价技能大赛

全国大学生不动产估价技能大赛始终面向经济发展主战场、面向国家重大需求，注重估价实践技能的培养与创新，是发现人才、培养人才的重要平台。该项赛事以社会需求为出发点，按照"求真学问、练真本领""知行合一、做实干家"的要求来培养当代大学生，推动学生将课程所学、专业技能和时代命题相结合，引导和激励学生实事求是、刻苦钻研、勇于创新、多出成果。

4.3.6.2 全国大学生国土空间规划技能大赛

全国大学生国土空间规划技能大赛由教育部高校公共管理类学科专业教学指导委员会、全国高校土地资源管理院长（系主任）联席会、中国土地学会规划分会主办，以探索国土空间规划理论、提升规划实践技能与展示规划方案为核心，旨在探求多样化的国土空间规划人才培养方式，培育大学生的规划情怀，激发青年学子建设美丽中国的创新精神，培养多学科知识与技能融合的国土空间规划后备力量，提升国土空间品质和价值，推动新时期发展方式的绿色转型。

4.3.6.3 WUPENicity 大学生国际竞赛： WUPENiCity 城市可持续调研报告国际竞赛和 WUPENiCity 城市设计学生作业国际竞赛

WUPENiCity 大学生国际竞赛是由世界规划教育组织（World Urban Planning Education Network）、联合国教科文组织 iCity 网站（UNESCO-iCity Website）和 *Guihua Journal* 杂志联合举办的一项备受全球城市规划及相关领域高校学子瞩目的盛大赛事。该竞赛分为两大板块：WUPENiCity 城市设计学生作业国际竞赛和 WUPENiCity 城市可持续调研报告国际竞赛。前者面向全球所有设置城市规划相关专业的高等院校学生开放，旨在鼓励大学生将理论知识与实际操作相结合，通过城市设计作业展示他们的创新理念和规划才华。后者专注于推动大学生对城市可持续发展问题的研究，参赛者需要围绕城市可持续发展主题，结合实地调研和分析，提交一份深入的调研报告。

访问地址：http://www.wupen.org/。

4.3.6.4 全国高等院校大学生乡村规划方案竞赛

全国高等院校大学生乡村规划方案竞赛是针对大学生群体举办的一项专业性、创新性的竞赛活动。该竞赛旨在鼓励大学生深入了解乡村规划与建设，通过实践锻炼提高规划设计能力，为我国的乡村振兴事业贡献智慧和力量。通过竞赛的评选和交流，可以推动乡村规划与建设领域的创新发展，分享成功案例和经验教训，为乡村振兴贡献智慧和力量。

访问地址：https://www.planning.org.cn/。

4.3.6.5 全国大学生声景设计竞赛

全国大学生声景设计竞赛以"声与景的融合，创新与设计的交响"为主题，倡导参赛者通过声音设计与景观规划的结合，创造出具有独特美感和艺术魅力的声景作品。该主题旨在激发大学生的创新思维，提高他们对声音与空间关系的认识，进一步推动声景设计在环境保护、城市规划、公共艺术等领域的应用。

访问地址：http://www.ascq.org.cn/? cat=4。

4.3.6.6 全国高等院校绿色建筑技能大赛

全国高等院校绿色建筑技能大赛旨在鼓励和推动高校绿色建筑设计的发展，该竞赛希望高校学生能够通过参与竞赛，深入了解绿色建筑相关知识，并提出创新性的设计方案，增强对环境保护的认识和意识，提高"双碳"目标下绿色建筑人才培养质量。参赛学生应在专业教师的指导下，参考组委会推荐教材及教学视频，应用一模多算绿色建筑模拟分析系列工具软件、绿建评价系统等独立完成作品创作。可使用绿色建筑模拟软件分析参赛。项目接受正版软件建筑图纸的 2D 或 3D 文件，包括 Arch、天正建筑、Revit、Sketchup、犀牛、3DMAX 等。

访问地址：https://www.ccen.com.cn/index.htm。

4.3.6.7 中国人居环境设计学年奖

中国人居环境设计学年奖前身为 2003 年发起的"中国环境设计学年奖"，后由清华大学与教育部高等学校设计学专业教学指导委员会联手改组，2015 年全新启动。该活动坚持开放、交叉与融合的理念，致力于促进各高校专业教学与学科建设，追求人居环境建设的学术理想，坚持开放、交叉与融合的活动理念，积极促进多学科协同发展，推动特色创新。以此展开中国人居环境设计相关学科发展、专业教育、基础理论以及教学实践等问题的主旨演讲、研讨以及学年奖作品的交流。

访问地址：http://www.xuenianjiang.com/apply/opus_lists。

4.3.6.8　IFLA 国际学生景观设计竞赛

IFLA 国际学生景观设计竞赛由国际景观设计师联盟（International Federation of Landscape Architects，简称 IFLA）主办。目前，联盟代表来自非洲、美洲、欧洲、亚太和中东的 77 个国家协会。该竞赛的宗旨是在相关建筑环境专业的合作关系中促进景观建筑专业的发展，要求在教育、培训、研究和专业实践方面实现高质量发展。

访问地址：https://www.ifla2023.com/student-design-competition/。

4.3.7　人文社会

4.3.7.1　全国大学生广告艺术大赛

全国大学生广告艺术大赛是迄今为止全国规模最大、覆盖高等院校较广、参与师生人数多、国家级大学生 A 类赛事，旨在培养大学生的创新精神和实践能力，激发大学生的创意灵感，促进大学新闻传播、广告、设计、艺术教育等人才培养模式的改革。参赛作品分为平面类、视频类、动画类、互动类、广播类、策划类、文案类、UI 类、科技类和营销创客类十大类。赛事的所有选题均面向社会征集，将企业营销的真实课题引入比赛，为广告实践提供更广阔的舞台。

访问地址：https://www.sun-ada.net/。

4.3.7.2　中国数据新闻大赛

中国数据新闻大赛旨在以赛促建、推动全国高校新闻专业教学改革，通过比赛打通学界与业界壁垒，为全国培养新媒体人才助力。该大赛经过多年的发展，逐渐成长、壮大，成为一项贯通学界与业界、推动高校新闻传播教育和业界新闻生态数字化转型的全国性赛事。

访问地址：http://www.cdjcow.com/。

4.3.7.3　未来设计师·全国高校数字艺术设计大赛

未来设计师·全国高校数字艺术设计大赛（NCDA）是教育部中国高等教育学会认定，教育厅发文立项，对接联合国国际赛的国家级大学生竞赛。大赛始于 2012 年，每年举办一届，设"非命题""公益""命题""创新创业"四个赛道，内容涉及 AIGC、乡村设计、可持续设计、元宇宙+设计、未来设计、国潮·非遗设计、视觉传达设计、动画与视频设计、交互设计、人居环境与规划设计、工业产品设计、时尚设计、虚拟 IP 及表情包设计、数字绘画、数字摄影、数字音乐等方面。

访问地址：https://www.ncda.org.cn/。

4.3.7.4　全国大学生数字媒体科技作品及创意竞赛

全国大学生数字媒体科技作品及创意竞赛旨在充分发挥高校作为我国文化产业的生力军作用，提升大学生创意表达、创新能力，在引领各高校及相关学科与专业社会发展及产业升级上有所作为，实现高校教研成果创新性发展与创造性转化，充分繁荣发展我国文化事业和文化产业，提高国家文化软实力。

访问地址：https://www.caai.cn/index.php? s=/home/index/index.html。

4.3.8　法务舆情

在法务舆情领域主要有全国本科院校纳税风险管控案例大赛，该大赛通过案例分析、方案设计等形式，帮助学生深入理解税法，掌握纳税风险管控的技巧和方法，为未来的职业生涯打下坚实基础。大赛面向全国各本科院校的在校学生开放，鼓励跨专业组队参赛。参赛队伍需由 3~5 名学生组成，并设有 1 名指导教师。大赛以案例分析为主要形式，参赛队伍需针对给定的企业税务案例，进行深入分析并提出相应的纳税风险管控方案。方案须包括风险评估、风险控制、税务筹划等方面，展示参赛队伍对税法的理解和应用能力。

访问地址：https://ssfkds.moocollege.com/。

5. 数智教育专业实训平台

5.1 线上实践平台

5.1.1 自然科学线上实践平台

5.1.1.1 网络大数据搜索引擎虚拟仿真实验平台

（1）基本信息。网络大数据搜索引擎虚拟仿真实验平台旨在有效解决传统信息检索实验课的难点，通过加入人工智能、自然语言处理等前沿文本处理算法对国家一流本科教学课程"网络大数据搜索引擎虚拟仿真实验"设备进行升级，帮助学生掌握基本搜索引擎构建原理的同时，引导学生学习最新的文本计算智能技术及其在搜索引擎中的应用，熟悉搜索引擎评价指标，提高学生自主学习和动手能力。

（2）资源配置。该平台以 900 万个真实网站组成的标准化数据为支撑，引入人工智能、自然语言处理等前沿文本处理算法，通过虚拟仿真，有效解决以下关键问题：第一，降低本科生搭建搜索引擎的技术门槛。通过封装搜索引擎中文本预处理、倒排索引构建、布尔模型构建等技术，实现核心技术与算法的模块化拆分，帮助学生更加清晰地把握学习脉络，能够将更多的精力聚焦于深入理解信息检索系统的实现原理上，降低学习的技术门槛。第二，减少信息检索实验成本和实验项目实施难度。平台部署在分布式服务集群，依托分布式的存储、GPU 计算资源、高通量计算的网络资源，为学生提供专业、精准、便捷的搜索引擎服务，也协助不具备高质量实验条件的高校和学生完成教学和学习任务。第三，在文本预处理中集成中文智能分词算法、在检索模型中集成语言模型构建算法，能够有效帮助本科生学习前沿的人工智能、自然语言处理技术。第四，依托该平台，在武汉大学信息管理学院开展开放实验，以小组形式带领并组织本科生参与搜索引擎系统的开发，切实提升学生的实际代码开发能力，加深学生对底层算法原理的理解。

(3)用户使用方法。学生通过电脑端，点击网址：http://www.ilab-x.com，即可进入国家级虚拟仿真实验教学项目共享平台(简称实验空间)。

5.1.1.2　计算机公共课作业系统

(1)基本信息。计算机公共课作业系统是由计算机学院教师依据实际实验教学需求，为满足计算机教学特定场景而自主开发完成的系统。该系统经多年实际应用和升级迭代，操作便捷，非常稳定和安全。该系统的作业分为平时上机小作业和期末大作业两类，可稳定上传各类编程语言程序文件和文档，防止攻击类程序上传，对学生电话等敏感信息加密，对学生上传的程序文档进行安全隔离，同时该系统应对高并发情况的性能稳定，可外接 OJ 实现程序类作业在线编译和自动批阅。

教师管理自己的教学班级，学生信息可由教师批量导入或由学生自行注册，然后通过教师提供的班级验证码加入班级。每个教学班主要提供平时小作业、期末大作业、上机考核、班级共享四大功能。

(2)资源配置。系统使用了计算机学院的两台 DellR750 服务器，一台是 Web、文件和应用服务器，有对外域名；另一台是不对外的数据库服务器和历年作业备份服务器；服务器配置为两颗英特尔Ⓒ至强Ⓒ银牌 4314 2.4G，内存 256G，后台技术栈为 SQLServer 2019、DotNet。

(3)使用方法。学生可直接访问地址 https://pt.whu.edu.cn 使用。

5.1.2 空天信息线上实践平台

5.1.2.1 LuoJiaNet 遥感 AI 实训平台

（1）基本信息。遥感信息工程学院与华为 MindSpore 框架团队共同研发了全球首个遥感影像智能解译专用深度学习框架 LuoJiaNET 和业界最大遥感影像样本库 LuoJia-SET。LuoJiaNET 具有一套新的深度学习框架和遥感场景分类、目标检测、地物分类、变化检测、多视角三维重建五大类基础遥感应用模型。LuoJiaSET 提供了可扩展的遥感解译大规模样本集，可以为遥感应用开发提供国产化、自主可控的"全栈式"便捷工具。以此为基础，针对遥感人工智能实践教学与科研的迫切需求，依托国产高性能服务器和人工智能框架，遥感信息工程学院构建了国内首个全栈自主可控的遥感人工智能实习实训平台。该平台针对遥感上游应用，例如自然资源监管、水利河道治理、生态环境保护、农业估产等，提供算法、模型及应用服务，在科研流程中，具备数据集创建、在线标注、数据集共享、模型训练、推理任务、开源共享服务的能力。全流程一站式 AI 管理平台，通过丰富预训练模型库及课程实验资源、专业 AI 开发培训，打通研学壁垒，支持原生算力切分，保障实验算力按需分配，满足科研教学需求，实现研学一体化人才培养。

（2）资源配置。该平台包含 7 台 AI 训练服务器、3 台 AI 推理服务器、2 台管理服务器、1 套分布式存储，采用华为人工智能框架和开发套件作为软件底层，平台支持遥感影像智能解译专用深度学习框架 LuoJiaNET 和遥感影像样本库 LuoJiaSET。其中每台训练服务器型号为 G420X V5，为 4U AI

服务器，拥有 2 * Intel 6248 处理器、8 * 昇腾 910NPU 训练卡、2 * 480GB SSD 硬盘、3 * 1.92TB NVMe SSD 硬盘、768GB 内存、8 * 100GE 光口，配置 2 个 25GE 光口、2 个 10GE 光口(含光模块)、4 * 3000W 电源模块(2+2 冗余电源)；每台推理服务器型号为 G220X V5，拥有 2 颗 Intel 5218R 处理器、2 * 480GB SSD、384GB 内存、6 * Atlas300I Pro，配置 2 个 25GE 光口、2 个 10GE 光口(含光模块)、2 * 2000W 电源模块(1+1 冗余电源)，总算力约 18P。

(3)用户使用方法。学生接入武汉大学内网，通过 Web 端访问 https：//115.156.92.236:38443/，输入自己的账户和密码，即可登录访问平台。平台的用户存储空间分为公共空间和私有空间，公共空间内的文件均为共享访问，学生可以通过点击上传文件的图标，选择要传输的本地文件。学生还可以通过对用户和群组的创建、修改和删除等，实现对系统不同资源和业务的使用。

5.1.2.2　面向定量遥感数据共享的 OGE 开放算力数智平台

(1)基本信息。开放地球引擎(Open Geospatial Engine，简称 OGE)瞄准"数字地球"时空信息服务需求，研究全球时空观测数据组织和管理方法，构建高性能地理分析和人工智能分析模型，提出全球时空数据知识服务技术，建立数据就绪、分析就绪、决策就绪型孪生地球引擎服务体系，研发孪生地球引擎服务平台，构建时空信息基础设施，服务于数字孪生城市建设，并进一步为自然资源管理、城市治理、公共服务、智慧交通、灾害救援、生态建设等提供可控的地球时空信息基座。该平台强大的开放算力可助力多学科、不同专业人员进行算力共享和数据共享。该平台支持栅格数据、矢量数据和表格数据的联合分析。该平台内存储了 Landsat 系列产品、

Sentinel 系列产品、MODIS 系列产品、高分系列产品、珞珈一号系列产品、全球 DEM 产品、DOM 产品和 GLASS 系列产品，数据量共计 50TB+。同时，平台提供了栅格计算、矢量计算、空间分析、时空立方体专题算子和碳排放计算专题算子等多种计算算子，支持以 Python 脚本的方式或可视化的模型组合器的方式调用。该平台还提供了实时计算和批计算两种计算模式，在实时计算中，计算会实时地进行，并显示在地图上，而在批计算中，计算会在全部完成后显示结果，供用户下载到本地使用。目前，该平台内存放了湖北省的大量定量遥感数据。

（2）资源配置，详见表 18。

表 18 平台资源配置

Dell PowerEdge R750XA	2 台	2U 机架构式服务器，含安装导轨
		配置 2 颗英特尔至强金牌 5320 2.2G，26C/52T，11.2GT/s，39M 缓存，Turbo，HT（185W）DDR4-2933，单颗处理器主频 2.2Ghz，物理核心数 26 核
		配置 4 块 NVIDIA Ampere A30，PCIe，165W，24GB GPU 卡
		支持 32 个内存插槽，本次配置 24 根 32G DDR43200Mhz 内存
		配置 2 块 480GB 企业级固态硬盘，配置 3 块 1.92T NVMe U.2 Gen4 企业级固态硬盘
		支持 8 个 PCIe 第 4 代插槽
		配置 1 个 5720 双端口 1GbE BASE-T 双口千兆以太网口，配置 2 个双端口 Broadcom 57412 10GbE SFP+万兆网卡含模块

续表

Dell PowerEdge R740	10 台	2U 机架构式服务器，含安装导轨
		配置 2 颗英特尔至强金牌 5218R 2.1G，20C/40T，10.4GT/s，27.5 M 缓存，Turbo，HT（125W）DDR4 处理器，主频 2.1Ghz，物理核心数 20 核
		支持 3 个双宽 300W GPU 卡扩展能力
		支持 24 个内存插槽，本次配置 12 根 32G DDR4 3200Mhz 内存
		配置 2 块 480GB 企业级固态硬盘，配置 6 块 8T 企业级硬盘
		配置 1 块 PERC H750 控制器，缓存为 8GB，带保护电池，支持 RAID 0/1/5/6/10/50/60 等工作模式；支持 8 个 PCIe 第 4 代插槽
		配置 1 个 5720 双端口 1GbE BASE-T 千兆以太网口，配置 2 个双端口 Broadcom 57412 10GbE SFP+ 万兆网卡含模块

（3）用户使用方法。首先注册账号，随后即可在该账号上快速初始化环境并进行数据处理，包括环境初始化、数据读入、矢量数据处理与分析、空间数据处理与分析、数据可视化。在处理完数据后，该平台提供了多种数据可视化的方式（访问网址：http://openge.org.cn/）。首先需要添加数据样式，在添加了数据样式后，可以选择在线显示，这时需要调用以上数据的 getMap（layerName）方法。对于在线显示，通常最后会指定地图中心，这时需要调用 oge.mapclient.centerMap（lon，lat，level）。在批处理模式时，使用 export（layerName）方法，添加到批处理任务后，在"我的项目/批处理结果"中下载处理后的图像。至此，数据的快速处理已完成，在平台账户中可以将生成的结果上传保存或拷贝下来。

5.1.3 健康医疗线上实践平台

5.1.3.1 临床技能实训场地管理平台

（1）基本信息。技能中心实验室开放管理系统，通过信息化管理技能中心的所有场地，实现场地使用预览、教室借用、开放预约和自动化门禁管理。同时，该系统包含基本场地管理、预约管理、黑名单管理、设备管理、门禁管理、信息发布、消息提醒功能，支持自动投屏教学动态、房间占用情况和通知公告，有效降低了技能中心管理的工作负荷，提升了技能中心"人、房、物"利用率和运营效率。

（2）资源配置。该系统使用的是华为云平台，软硬件配置如下：该线上平台采用了 Intel(R) Xeon(R) Platinum 8378A CPU @ 3.00GHz，拥有 12 个核心，内存容量为 24GB，硬盘容量为 1TB。采用 CentOS Linux release 7.9.2009(Core)操作系统，Java(TM) SE Runtime Environment(build 1.8.0_131-b11)用于支持 Java 应用程序的运行。采用 mysql Ver 14.14 Distrib 5.6.34 数据库管理系统，用于存储和管理数据。Redis 版本为 3.2.12，带宽为 50M。

（3）用户使用方法。基于互联网访问，采用账号+密码方式单点登录，数据存储在华为云服务器，实时备份，提供数据安全保障。学生可以使用小程序自主预约场地，微信搜索治趣临床技能实训即可，预约成功后，线下前往技能实训室进行训练。系统网址登录访问时无须预安装客户端，使用小程序即可。

管理员通过登录治趣后台(网址：www.curefun.com)，可以实时查看场地使用情况、学员预约详情，并可对需要审批的预约进行快速审批。

5.1.3.2 临床技能实训管理平台

(1)基本信息。临床技能实训小程序的使用对象为本科实习和规培学生，能够高效赋能老师、技能中心管理者的技能教学和考核等日常工作的展开。通过一部手机实现技能掌握性训练的作业布置、成果上传、评分评价反馈的全流程管理，覆盖第二临床学院的日常技能实训、教学、竞赛和考核等场景，支持床旁训练、课堂教学和自主训练场景下的老师面对面评分或线上视频评分，实现学生不限场地、不限时间，常态化开展临床技能训练，构建"教—学—训—考—评"业务闭环，提升学生的技能掌握水平。

(2)资源配置。该平台使用的是华为云平台，软硬件配置如下：

采用 Intel(R)Xeon(R)Platinum 8378A CPU @ 3.00GHz，拥有 12 个核心，内存容量为 24GB，硬盘容量为 1TB。采用 CentOS Linux release 7.9.2009 (Core)操作系统，Java(TM)SE Runtime Environment(build 1.8.0_131-b11)用于支持 Java 应用程序的运行。采用 mysql Ver 14.14 Distrib 5.6.34 数据库管理系统。Redis 版本为 3.2.12，带宽为 50M。

(3)用户使用方法。学生微信搜索治趣临床技能实训即可使用治趣技能实训小程序，加入任务、查看任务要求、上传成果(支持图片、视频、文件)。

管理员使用手机号+密码方式，单点登录治趣机构后台(网址：www.curefun.com)，发布技能训练任务，分享任务二维码至班级微信群。管理员通过治趣后台，可查看加入学院的任务完成情况、上传的成果，并可开启自动分配同伴或老师进行评分，并对阅卷进度实时查看和敦促，查看成绩排名和导出评分明细等个性化要求。

5.1.3.3 标准化病人（SP）分享平台

(1)基本信息。SP(Standardized Patients)分享平台是一个围绕标准化病人展开教学、考核、训练的信息化管理平台。平台可分学科设置病例库，管理单位 SP，支持 SP 线上、线下参与训练和考核，打破时间和空间的限制，使学生可以在任何时间、任何地点进行问诊训练，为临床技能培训和考核提供了有效途径，促进临床技能教学质量的提升。学生、教师、SP 可以通过微信小程序或网页端登录，首次使用需要管理员教师提前开通账号，详细功能包括学生及教职工基本信息管理、SP 管理、SP 病例资源库、SP 线上问诊训练、SP 线上示教、SP 线上考试管理、SP 线下考试管理、督导线上巡视、查看成绩报告等。学生通过阶段性的训练和测试可以得出形成性评价结果报告。

（2）资源配置。软件方面，系统吞吐量较大，在正常负载下可以处理 1000 个请求/秒，并且在增加负载时，系统的吞吐量也能够增加。并发性能较好，在 100 个并发请求下，系统响应时间仍然可以保持在 3 秒以内。硬件方面，8 核 CPU，16G 运行内存，系统盘采用 50GiB 高性能云硬盘，数据盘采用 1 块 200GiB 高性能云硬盘，CentOS 7.6 64 位操作系统。

（3）用户使用方法。打开浏览器，输入正确网址即可登录 SP 分享平台，访问网址为 https://zjh.zhihuiyijiao.com/#/login。在电脑上登录该平台后可使用 SP 预约功能，预约练习/学生训练；也可使用微信搜索 SP 分享平台，在手机端使用 SP 预约功能。

5.1.3.4　疼痛共情的事件相关电位虚拟仿真实验平台

（1）基本信息。疼痛共情的事件相关电位虚拟仿真实验以新文科建设为导向，利用虚拟现实、人机交互、多媒体、数据库和网络技术，构建出仿真的实验环境。本实验以认知心理学、认知神经科学等课程学习为基础，通过虚拟模型的方法模拟脑电实验环境和疼痛共情的 ERP 实验过程。实验内容包括学习者在仿真实验环境中进行交互式疼痛共情心理实验操作，了解整个实验环境、实验设备组成与连通、电极帽佩戴、电极膏施打、电极帽维护、自主实验设计、实验实施等。本实验教学同时融入对支架式教学的模拟。学生可以在实验过程中获取 ERP 实验技术和疼痛共情实验的预备性知识，以便解决实验过程中碰到的问题。

（2）资源配置。本项目的实验设备为网络版软件，采用 B/S 架构和成熟、可靠的 unity、unReal 3D 引擎，对真实实验场景、仪器和设备进行三维仿真，并把三维内容嵌入浏览器，适用于主流的 windows 操作系统。学生无须安装插件，可以通过网页访问虚拟实验内容，不受节点和位置的限制。该项目的画面帧数不低于 25 帧/秒，人机交互反馈时间不高于 0.02 秒，支持 1~100 的并发，对超过并发数的实验请求可以提供排队提示。浏览器端兼容 ie、firefox、Chrome、360、搜狗等浏览器软件，同时也支持平板电脑等多种操作设备。后台数据库支持 Mysql、SQL Server 等数据库的导入、关联和同步。软件采用通用、开放的协议，免费开放数据接口，能与项目所在学校现有的信息化系统互联互通，保证系统的开放性和扩展性。

（3）用户使用方法。本实验平台可通过武汉大学心理学实验系统（网站链接：https://xlfw.whu.edu.cn/xg/）登录，学生选择事件相关电位虚拟仿真实验教学，打开练习模式（测试模式需要注册并经由管理员审核通过）便可开始学习。

5.1.3.5 树洞行动救援团

（1）基本信息。树洞行动救援团是由黄智生①于 2018 年创立的一个创新型公益平台。该平台利用先进的人工智能和知识图谱技术，对社交媒体数据进行深入分析，以识别潜在的自杀风险信号。例如，通过分析新浪微

———————

① 黄智生现为荷兰阿姆斯特丹自由大学人工智能系终身教授、武汉科技大学大数据研究院副院长特聘教授。

博等社交媒体上的数据，平台能够实时识别出表达自杀倾向的词汇，自动生成并发布每日通报，快速找出高自杀风险群体，协调志愿者及时进行专业干预，以防止自杀行为的发生。此外，平台还积极推动自杀预防的科研与社会实践，探索和推广在心理健康领域的新方法和策略。该平台不仅作为自杀预防的干预工具，同时也是一个研究和教育的资源中心。平台提供了丰富的数据接口供研究人员使用，支持自杀风险分析、趋势预测和干预效果评估的研究。

（2）资源配置。"树洞行动救援团"平台拥有高性能的软硬件资源配置，专为处理大规模社交媒体数据和执行复杂的数据分析而设计。硬件方面，该平台配置了多台高性能服务器，每台服务器都配备了最新的多核处理器和高频率的 GPU，专门用于加速机器学习和深度学习算法的处理速度。软件资源方面，平台运行高度优化的操作系统，支持广泛的数据科学和人工智能应用，预装了包括 Python、R、TensorFlow、PyTorch 等在内的多种数据分析和机器学习框架，使研究人员和志愿者能够快速部署和测试他们的模型。此外，平台还集成了先进的知识图谱和自然语言处理工具，专门用于分析和理解社交媒体内容。

（3）用户使用方法。该平台的访问网址：http://www.ztonebv.cn/ztone_h/treehole/index.html。学生须通过安全的网络连接方法访问平台，并使用学校或组织提供的凭据进行登录。登录后，学生可以通过平台提供的界面上传和下载数据，根据需要申请更多的存储或计算资源，利用加密的数据传输方法保证信息安全。平台的作业管理系统允许学生提交和监控自己的数据分析作业。此外，平台预装了多种分析工具和软件，支持各类数据处理和分析任务，学生也可以请求安装额外的专业软件以满足特定的研究需求。通过这些工具和资源，学生能够有效地执行数据分析，进行心理危机干预和相关研究活动。

5.1.4 工业生产线上实践平台

5.1.4.1 水电站水锤与调压室水位波动虚拟仿真实验平台

(1)基本信息。水电站水锤与调压室水位波动虚拟仿真实验平台是一种基于计算机技术的先进教学和科研工具。该平台通过模拟水电站实际运行过程中可能遇到的水锤现象和调压室水位波动情况，为学生和研究人员提供一个直观、深入的学习和研究环境。该平台采用先进的虚拟仿真技术，可以模拟水电站实际运行中的各种参数和场景。通过搭建虚拟实验系统，学生和研究人员可以调整实验参数，观察实验现象，分析实验结果。这不仅可以帮助学生更好地理解和掌握水电站水锤和调压室水位波动的相关知识，还可以为科研人员提供一个高效的研究平台，用于探索新的理论和方法。

(2)资源配置。计算机操作系统：Windows 10(64 位以上)，推荐最新版本谷歌或火狐浏览器。计算机硬件配置：CPU 酷睿 i5 以上，主频 2.4GHz 及以上，内存 8G 以上，千兆网卡，Nvidia 显卡 GTX960 以上。

(3)用户使用方法。进入国家虚拟仿真实验空间网站：http://www.ilab-x.com/，点击右上角注册，按页面提示完成注册后即可使用。

5.1.4.2 数字化创新设计平台

(1)基本信息。该平台利用仿真设计软件制作了一套全新的画法几何课件，这些课件利用三维形式呈现，结合 AR(增强现实)技术，将传统上难以理解的投影理论转变为直观易懂的学习体验。其内容包括：实现了电脑端下载并浏览三维数据的功能，确保电脑端数据与创新平台间的互通性；开发了基础的三维浏览辅助功能，包括播放/暂停、重置、环视、全图、移屏、窗口等；外接设备链接功能，提升虚拟仿真体验；在眼镜端增加了抓取操作功能；通过扫描课件实现了在手机端显示课件三维模型并支持放大缩小以及转动等功能。

（2）资源配置。计算机操作系统：Windows 10（64 位以上）。计算机配置：CPU Intel7-9 处理器，显示器 1440x900 真彩色，显卡 NvidiaGTX1660Ti，内存 16GB，硬盘 500G。

（3）用户使用方法。登录数字化创新设计平台网址（内部局域网网址链接：192.168.1.101：8000/web/home）和工程识图实践平台网址（http：//210.42.122.120：8066/exam/）进行使用。

5.1.5 金融商务线上实践平台

武汉大学经济与管理学院高性能计算平台

（1）基本信息。武汉大学经济与管理学院高性能计算平台主要为学院师生教学科研提供高性能计算服务。高性能计算平台共有 15 块刀片计算节点、1 台 GPU 加速节点（包含 Nvidia Tesla K40 GPU 加速卡）和 1 个管理节点。15 台双路刀片计算节点为浪潮 NX5440M4 刀片服务器（采用 Intel Xeon E5-2680v4 14 核，共 336 个处理核心，每个节点配置 128G 内存），计算能力 12.977 万亿次，1 台 GPU 计算节点，采用浪潮 NF5568M4 机架和塔式服务器（采用 Intel Xeon E5-2620v4 八核处理器，共 24 个核心，采用 Nvidia Tesla K40 GPU 加速卡。CPU 计算能力 537.6Tflops，GPU 计算能力 5.72 万亿次），可用存储容量达 80TB。系统采用 CentOS Linux 企业版 64 位操作系统，并行软件包含：第一，集群并行环境 MPICH：千兆消息传递并行库，

MVAPICH2：万兆/IB 消息传递并行库，OpenMPI：高性能消息传递库。第二、编译调试环境，Intel 编译、调试软件，Intel C++/Fortran 编译器，Intel MKL 数学核心库，GCC 编译器等。

（2）资源配置。CPU 分区有 12 台 CPU 服务器，其中每台节点的硬件配置如下：双路 E5-2680 v4 @ 2.40GHz，共 28 核；128GB ECC 2133MHz DDR4 内存；Infiniband 56Gbps 互联。GPU 分区有 1 台 V100 服务器，其中每台节点的硬件配置如下：双路 Intel Xeon E5-2640v4 2.4GHz，共 20 核；128GB ECC 2400MHz DDR4 内存；4 卡 Nvidia Tesla K40m12GB；Infiniband 56Gbps 互联。

（3）用户使用方法。本系统仅供武汉大学教职工和学生用户使用，在武大校园网内可以直接连接。不在校园网范围内时，可使用武汉大学校园网提供的 VPN 服务登录(访问网址：https://emlab.whu.edu.cn/info/1037/1202.htm)。

5.1.6　城乡政务线上实践平台

智慧档案全生命周期管理虚拟仿真实训平台

（1）基本信息。本平台立足档案管理的真实场景，在电子文件生命周期理论、数据生产理论、数字档案馆理论的综合指导下，采用三维建模、人机交互、角色扮演、参数控制等方法高度还原真实智慧档案管理全过程，为学生提供了一个全面、多维度的学习平台，使学生能够在一个安全受控的环境中进行实验和探索，帮助学生了解档案管理的复杂性，深入理解和掌握档案管理的现代技术和理论，同时也为学生提供实际应用这些技术和理论的机会，让学生身临其境地学习智慧档案全生命周期管理过程，深刻领会智慧技术赋能档案管理质量和效率。

（2）资源配置。本平台的开发基于 3D 仿真技术，采用了 Unity3D 和 3D

Studio Max 开展三维场景建模。实验环境基于 B/S 模式构建，其中，服务器配置为：CPU 12 核、内存 32 GB、磁盘 500GB、显存 3GB、GPU 型号 GTX 1660Ti，操作系统环境为 Windows Server2012 或 CentOS 7.5，数据库基于 Mysql。三维场景中，单场景模型总面积为 40 万平方米，贴图分辨率为 1024dpi，每帧渲染次数为 30～60FPS，动作反馈时间为 0.3s，显示刷新率为 60Hz，分辨率为 1920×1080。

（3）用户使用方法。校内登录方式：通过"武汉大学信息门户→虚拟仿真→智慧档案全生命周期管理实训平台"登录，用户名为学号。

校外登录网址：http://wuda.vrzan.com/ui/wuda/index.html#/login，默认用户名为 stu001。

5.1.7 法务舆情线上实践平台

武汉大学法学实验教学中心综合学习平台

（1）基本信息。法学实验教学中心综合学习平台是武汉大学法学院开发的一个综合性学习平台，以信息技术为媒介，旨在打造法学教学数字空间，为法学院师生创造更加优质、高效的学习环境，推动武汉大学法学教育的创新与发展。该平台集成了法学课程在线视频资源、珞珈法学在线教学空间、智能辅助教学案例库系统、信息化法律援助实训平台、智慧实验室预约系统等多种功能。平台还支持多终端自主学习，为师生提供了一个互动性强、资源丰富的专业教学环境。该平台重点建设的智能辅助教学案例库系统是基于最高人民法院案例库建成，内设类案检索、同案智推等智慧检索功能，从裁判事实、法律知识、司法实务三个方面构建起类案维度体系，全方位满足基于不同维度的类案检索需求，实现法律大数据全息画像，便于全面观察法务舆情现状及引导处置。

（2）资源配置。该平台支持多层构架，表现层、业务层、数据层可分开部署。硬件方面，表现层、业务层需要的应用服务器部署在武汉大学信息中心，配置为4核处理器，8G内存，500G硬盘；数据层需要的数据服务器部署在法学院机房，配置为26核处理器，内存为64G内存，硬盘为8TB企业级服务器硬盘。软件方面，整体解决方案采用微软 .NET 技术开发，数据库采用关系型数据库 SQL Server，界面设计和功能块划分符合浏览者和业务的习惯，操作流程简单清晰，界面简洁明了、色彩搭配柔和；数据统计模块要求有个性化定制功能；具有针对不同功能模块的自定义界面功能和个性化定制模块，充分满足各部门的需求。

（3）用户使用方法。通过电脑端输入网址访问进行连接，然后输入武汉大学统一身份认证的账号和密码进行登录。登录后点击"司法案例库"即可进入类案检索平台。

5.1.8　人文社会线上实践平台

5.1.8.1　普通话模拟测试与训练线上平台

（1）基本信息。文学院实践教学示范中心"普通话模拟测试与训练实验室"为全校学生提供场地支持和技术服务。实验室引进有"普通话模拟测试与学习系统"，测试者只需要花费10分钟，就能得到系统给出的一份模拟测试报告。

（2）资源配置。该平台采用先进的智能口语评测技术，搭建模拟测试、在线学习、语音诊断报告等功能模块，为全校学生提供了一个全面、便捷、高效的普通话学习和评测平台。预约成功的学生可以在预约时间内进行普通话的学习和练习，并通过系统的实时评测和纠正功能，不断提升自己的普通话水平。

（3）用户使用方法。普通话模拟测试训练体验步骤如下：

步骤一：请按照预约开始时间按时到达，向504实验室内的值班老师出示活动预约成功凭证和武汉大学一卡通，并领取学习账号和密码；

步骤二：进入504或506实验室后选择一台电脑，鼠标左键双击桌面的"普通话智能评测及学习系统"图标；

步骤三：根据体验需求选择"测试系统"或"学习系统"；

步骤四：使用实践中心提供的账号和密码登录系统；

步骤五：进行相关的训练或测评，并可查看学习报告或测评成绩；

步骤六：完成测评后，退出登录系统。

5.1.8.2　融媒体实践教学平台

（1）基本信息。武汉大学新闻传播学实验教学中心"融媒体实践教学平台"于2021年年底建成。该平台整合了高清演播厅、广播电视实验室、摄影实验室等现有资源，实现了大数据线索汇聚、选题策划、融媒体内容生产与发布、场外直播报道等多种融媒体实践教学功能。其中，新闻大数据功能模块支持新闻热点发现、热点事件发现、热词生成、热门短语、热搜榜单、事件跟踪等功能，可用于实践教学及网络传播研究；融媒体中央管理系统功能模块包含融媒体内容生产与发布系统、融媒体资源管理系统、融媒体策划指挥管理系统、融媒体实时在线音视频编辑系统等，可实现融媒体新闻内容在线生产与控制。传播效果分析系统可对新闻产品传播进行分析。

（2）资源配置。大数据及媒介效果分析系统基于云计算，通过6个大数据系统账号远程访问业界主流新闻大数据服务，实现了海量数据及算力访问。融媒体中央管理系统部署于本地，包含3台双路十核心服务器以及1

台万兆 NAS 存储服务器，提供了 120TB 实践教学数据空间。

（3）用户使用方法。本系统可通过武汉大学新闻传播学实验教学中心预约系统预约使用，访问微信公众号"实验教学智能管理"，通过公众号提示预约，审核通过后，在预约的时间内刷校园卡进入相应实验室，通过桌面提示访问相应模块。

5.1.8.3　长江文明数字平台

（1）基本信息。武汉大学长江文明考古研究院、武汉大学文化遗产智能计算实验室联合文化遗产数字化保护中心、测绘遥感信息工程国家重点实验室、简帛研究中心、历史地理研究所、青铜文明研究中心等多家机构，汇集自然长江、人文长江、社会长江的研究成果、研究素材、遗址或文物 3D 模型，搭建了一个既能助力学术研究又能服务大众的专题数据库，构建人工智能知识图谱，实现文化遗产在数字世界里的永生，推动文化遗产的创造性转化和创新性发展。该平台包含多模块，分为前端 UI 层、展示层、业务层、数据层、数据库；各个模块的功能独立开发，各板块通过数据传输的方式进行业务关联，将各个模块的耦合度降低，不同模块之间可进行独立的优化扩展升级。

（2）资源配置。32G 内存，集成显卡，屏幕 4K 分辨率，即可获得最佳使用体验。

（3）用户使用方法。该平台通过链接进入平台（http://47.104.72.126：9402），可选择不同栏目实现浏览、搜索、下载等功能，也可以拖动鼠标在地图、三维模型上放大观看和比较。

5.1.8.4　Blackboard 在线学习平台

（1）基本信息。Blackboard 在线学习平台是一种广泛应用于教育领域的综合性教学平台，具有丰富的工具和功能，支持在线学习、课程管理以及教学资源的交流和管理。教师可以利用 Blackboard 创建和管理课程，发布作业和测验，记录和管理学生的成绩等，还可以根据课程需要自定义课程结构和布局。该平台不仅为教育机构提供了一种创新的教学模式，提高了教学效率，还拓展了学生的学习空间和时间，为教育的可及性和普及性作出了贡献。

（2）资源配置。该平台需要在服务器端部署来支持其运行，因此服务器的性能指标至关重要。使用 Intel Xeon 系列多核心、高性能的处理器，32GB 运行内存，500GB 硬盘，1000Mbps 带宽。

（3）用户使用方法。用户可以通过浏览器访问学院提供的 Blackboard 网站地址（https://blackboard.whu.edu.cn:8443/），在登录页面输入用户名和密码，即可登录到平台。该平台也提供了移动应用程序，学生可以在手机或平板电脑上下载并安装该应用。登录后，学生可以随时随地访问课程内容和进行学习。

5.2 线下实践基地

5.2.1 自然科学线下实践基地

5.2.1.1 数学与统计学院线下实践基地

表 19 数学与统计学院线下实践基地

序号	实习基地名称	合作共建单位	实习基地场所	实习专业	主要实习项目
1	北太天元产学合作基地	北太振寰科技有限公司	重庆大数据研究院	信息与计算科学、数学与应用数学、数据科学与大数据	第一，实习与实践基地建设项目；第二，产学合作协同育人师资培训项目；第三，产学合作协同育人"北太天元数模之星"大学生数学建模竞赛应用项目。
2	北太天元产学合作基地	北京大学重庆大数据研究院	重庆大数据研究院	信息与计算科学、数学与应用数学、数据科学与大数据	第一，实习与实践基地建设项目；第二，产学合作协同育人师资培训项目；第三，产学合作协同育人"北太天元数模之星"大学生数学建模竞赛应用项目。

北太天元产学合作基地是武汉大学数学与统计学院和重庆大数据研究院、北太振寰科技有限公司合作，共同建设的产学合作协同育人项目，旨在通过高校、研究院、企业的深入合作，共同构建实习与实践基地，创新教育模式，提高科技型人才的培养质量。该项目包括三个主要方向：

（1）借助科学计算领域的技术优势，武汉大学与北太天元共同搭建了一个实习实践基地，采用"校内学习+竞赛辅导+企业实训"的一体化实践活动模式，加强师资队伍建设，提升教学实践条件，旨在培养具有强大研发能力的科技人才，解决国产化人才培养的关键问题，推动国家高水平科技自立自强。

（2）遵循"资源共享、优势互补"的原则，武汉大学与北太天元共同开展了师资培训项目，旨在加强双师双能型教师队伍建设，提高应用型人才的培养质量，支持基于北太天元生态体系的人才培养及技术创新。此外，双方还共同开展了"科学计算应用与实践"系列示范课程项目，助力教师在教学、科研、实践中实现全面发展。

（3）为提升大学生的数学与计算机技术综合能力，北太天元推出了"北太天元数模之星"大学生数学建模竞赛应用项目。该项目不仅鼓励学生参与数学建模竞赛，提高创造力和解决实际问题的能力，还旨在改革大学数学教学体系，激发学生的学习积极性和创造精神。

通过这些项目，基地推动教育创新，培养更多符合国家发展需求的高技能人才，为国家经济社会发展提供强有力的人才支持和技术保障。

5.2.1.2　物理科学与技术学院线下实践基地

表 20　物理科学与技术学院线下实践基地

序号	实习基地名称	合作共建单位	实习基地场所	实习专业	主要实习项目
1	武汉烽火技术服务有限公司	武汉烽火技术服务有限公司	武汉烽火技术服务有限公司	物理学及微电子科学与工程	上课和参观

注：该实习基地由武汉大学计算机学院牵头创建。

武汉烽火技术服务有限公司(以下简称烽火技服)是中国信息通信科技集团有限公司旗下上市企业——烽火通信科技股份有限公司的全球综合服务平台,也是中信科集团唯一的国际综合服务平台。该公司线下实践基地设有完备的教学环境,建有多个宽敞明亮的培训教室和全系统设备的培训机房,所用培训教材均为自编,涵盖了 MSTP/ASON 系列、PTN 系列、IP RAN 系列、SPN 系列、OTN 系列和 PON 系列等各种培训项目,其中自主研发的"PON 技术应用""光通信工程(IP RAN)""PTN 技术系列专题课程"被工业和信息化部教育与考试中心授予优秀培训课程。该公司通过培训物理学及微电子科学与工程专业的学生,帮助学生熟练掌握所学知识且进行实际实践,培养学生的动手能力和创新能力。

5.2.1.3　化学与分子科学学院线下实践基地

表 21　化学与分子科学学院线下实践基地

序号	实习基地名称	合作共建单位	实习基地场所	实习专业	主要实习项目
1	武汉大学蓝月亮(中国)有限公司大学生实习实训教育基地	蓝月亮(中国)有限公司	企业各部门及生产线	化学、应用化学	第一,了解企业概况;第二,参观企业科研平台及生产线;第三,参与项目研发或产品的生产各环节。
2	武汉大学湖北航泰科技有限公司大学生实习实训教育基地	湖北航泰科技有限公司	企业各部门及生产线	化学、应用化学	第一,了解企业概况;第二,参观企业科研平台及生产线;第三,参与项目研发或产品的生产各环节。
3	武汉大学湖北三江航天江河化工科技有限公司大学生实习实训教育基地	湖北三江航天江河化工科技有限公司	企业各部门及生产线	化学、应用化学	第一,了解企业概况;第二,参观企业科研平台及生产线;第三,参与项目研发或产品的生产各环节。

续表

序号	实习基地名称	合作共建单位	实习基地场所	实习专业	主要实习项目
4	武汉大学宁德时代新能源科技股份有限公司大学生实习实训教育基地	宁德时代新能源科技股份有限公司	企业各部门及生产线	化学、应用化学	第一，了解企业概况；第二，参观企业科研平台及生产线；第三，参与项目研发或产品的生产各环节。
5	武汉大学武汉珈汇精化科技有限公司大学生实习实训教育基地	武汉珈汇精化科技有限公司	企业各部门及生产线	化学、应用化学	第一，了解企业概况；第二，参观企业科研平台及生产线；第三，参与项目研发或产品的生产各环节。
6	武汉大学中国科学院化学研究所大学生实习实训教育基地	中国科学院化学研究所	学校教学基地及课题组	化学、应用化学	第一，了解学校概况；第二，参与课程学习；第三，进入实验室或课题组参与科创实验。
7	武汉大学中国航天科工集团六院江河公司大学生实习实训教育基地	中国航天科工集团六院江河公司	企业各部门及生产线	化学、应用化学	第一，了解企业概况；第二，参观企业科研平台及生产线；第三，参与项目研发或产品的生产各环节。
8	武汉大学中国科学院化学研究所大学生实习实训教育基地	中国科学院化学研究所	学校教学基地及课题组	化学、应用化学	第一，了解学校概况；第二，参与课程学习；第三，进入实验室或课题组参与科创实验。

续表

序号	实习基地名称	合作共建单位	实习基地场所	实习专业	主要实习项目
9	武汉大学大连化学物理研究所大学生实习实训教育基地	大连化学物理研究所	学校教学基地及课题组	化学、应用化学	第一，了解学校概况；第二，参与课程学习；第三，进入实验室或课题组参与科创实验。

　　化学与分子科学学院以数智化课程为媒介，积极与海外知名高校、科研院所、企事业单位共建化学数智化基地，共同培养适应国家经济建设和社会发展所需的高层次化学人才。基地融合了丰富的数字化教学资源、行业数字应用平台和优秀的数字化教师、行业导师等资源，着力培育具备数智化思维、熟练掌握新一代信息技术、拥有互联网运用能力、能够完成化学数字化场景应用的复合型化学人才。

5.2.2　空天信息线下实践基地

5.2.2.1　国家网络安全学院线下实践基地

表 22　国家网络安全学院线下实践基地

序号	实习基地名称	合作共建单位	实习基地场所	实习专业	主要实习项目
1	武汉大学北京矩道优达网络科技有限公司合作共建实习实训基地	北京矩道优达网络科技有限公司	国家网络安全人才与创新基地	信息安全、网络空间安全	安全创客实践训练

续表

序号	实习基地名称	合作共建单位	实习基地场所	实习专业	主要实习项目
2	武汉大学武汉风衢科技有限公司合作共建实习实训基地	武汉风衢科技有限公司	国家网络安全人才与创新基地	信息安全、网络空间安全	本科生系统安全能力综合实训
3	武汉大学武汉科锐逆向科技有限公司合作共建实习实训基地	武汉科锐逆向科技有限公司	国家网络安全人才与创新基地	信息安全、网络空间安全	本科生系统安全能力综合实训
4	武汉大学华为技术有限公司(武汉研究所)合作共建实习实训基地	华为技术有限公司(武汉研究所)	国家网络安全人才与创新基地	信息安全、网络空间安全	智能移动操作系统设计与应用开发
5	武汉大学精壹致远(武汉)信息技术有限公司合作共建实习实训基地	精壹致远(武汉)信息技术有限公司	国家网络安全人才与创新基地	信息安全、网络空间安全	网络对抗演练

国家网络安全学院现有合作共建实习实训基地 5 个, 全过程覆盖本科学习阶段的实习实训需求。针对本科一年级学生编程能力不足的问题, 通过实训, 强化学生编程实践, 提高动手能力, 达到学生对课堂教授知识的深入理解、理论和实践的深入结合, 为后续专业课程的学习特别是对编程能力有要求的课程提供良好的基础; 训练本科二年级实验班学生熟悉实验

环境，有针对性地培养学生综合能力；重点提升本科三年级学生网络攻防基础动手能力，以及增强学生对网络安全的进一步理解，提高学生动手能力、协作能力、专业技术能力，为将来继续深造或参加工作打下坚实的基础。

5.2.2.2 遥感信息工程学院线下实践基地

表 23　遥感信息工程学院线下实践基地

序号	实习基地名称	合作共建单位	实习基地场所	实习专业	主要实习项目
1	（赤壁）中试谷·智能无人系统测试基地	赤壁市政府	湖北省赤壁市	遥感科学与技术及相关专业	无人机（无人车、无人船）实习
2	武汉大学遥感信息工程学院与武汉中观自动化科技有限公司合作共建摄影测量与遥感实习实训基地	武汉中观自动化科技有限公司	湖北省武汉市	遥感科学与技术、空间信息与数字技术、测绘工程	3D 数字化信息采集

(1)武汉大学与赤壁市人民政府合作共建了"（赤壁）中试谷·智能无人系统测试基地"，提供无人机、无人船、无人车等无人系统的测试、实习实践设施和场地。

(2)武汉大学遥感信息工程学院与武汉中观自动化科技有限公司合作共建摄影测量与遥感实习实训基地，提供 3D 数字化信息采集的测试、实习实践设施和场地。

5.2.2.3　测绘学院线下实践基地

表 24　测绘学院线下实践基地

序号	实习基地名称	合作共建单位	实习基地场所	实习专业	主要实习项目
1	武汉大学武汉梦芯科技有限公司合作共建学生实习实践基地	武汉梦芯科技有限公司	武汉梦芯科技有限公司	测绘工程导航工程	"测绘学概论"认知实习
2	武汉大学湖北省测绘工程院合作共建实习基地	湖北省测绘工程院	湖北省测绘工程院	导航工程	专业实习1
3	武汉大学东风悦享科技有限公司实习基地	东风悦享科技有限公司	东风悦享科技有限公司	导航工程	专业实习2
4	武汉大学上海华测导航技术股份有限公司实习基地	上海华测导航技术股份有限公司	上海华测导航技术股份有限公司	导航工程	专业实习2
5	武汉大学武汉华测卫星技术有限公司实习基地	武汉华测卫星技术有限公司	武汉华测卫星技术有限公司	测绘工程导航工程	"测绘学概论"认知实习

5.2.3 健康医疗线下实践基地

5.2.3.1 护理学院线下实践基地

表 25 护理学院线下实践基地

序号	实习基地名称	合作共建单位	实习基地场所	实习专业	主要实习项目
1	基于树洞机器人的危机救援实习基地	武汉大学信息管理学院	武汉大学、社区、医院、中小学校等	护理学、心理学、信息管理、测绘学、法学、新闻与传播学，以及物理科学与技术。	参与树洞行动心理救援活动，了解树洞智能机器人的使用，进行情感、心理支持操作；进行学习机器学习、知识图谱、心理画像等新兴技术的学习。
2	基于地理信息系统的交叉实习基地	武汉大学测绘学院			参与护理学院和测绘学院共同推进的护理学与地理信息系统的交叉应用实践活动，探索通过地理信息系统确定的社区环境对健康的影响及相应的护理对策。
3	成长营、优势训练营等与心理学的交叉实习基地	武汉大学哲学学院心理学系和武汉市社会心理服务行业协会			参加护理学院与哲学学院心理学系共同举办的组织成长营、优势训练营等交叉实践活动。

续表

序号	实习基地名称	合作共建单位	实习基地场所	实习专业	主要实习项目
4	针对护理政策、制度实证分析的交叉合作实习基地	武汉大学经济与管理学院、法学院、新闻与传播学院等学院			通过实地调研探讨我国护理领域的政策、制度困境和优化对策，组织小组讨论与案例分析。
5	护理与理工的交叉实习基地	武汉大学物理科学与技术学院			参加护理学院和物理科学和技术等学院合作推进的基于生物医学高分子材料的护理成果转化的实践活动，充分利用护理应用型专业知识和技术，完成成果转化和专利申请。

  "护理学跨学科研究进展"课程开设多个综合性的实习基地，旨在促进学生在护理学、心理学、信息管理等多个学科间的深度交流与合作。实习基地拥有先进的教学设施和丰富的实践资源，为学生提供了理想的学习和研究环境。实习基地通过与多家公益组织和学院的合作，设计了一系列创新的实践项目，如社交媒体用户心理危机干预、地理信息系统在公共健康中的应用、护理政策的实证分析等。这些项目不仅可以帮助学生将理论知识应用于解决实际问题，还能够培养学生的跨学科合作能力和创新思维。

5.2.3.2 口腔医学院线下实践基地

表 26 口腔医学院线下实践基地

序号	实习基地名称	合作共建单位	实习基地场所	实习专业	主要实习项目
1	武汉大学"智慧口腔虚拟仿真实验教学示范基地"	无	信息学部口腔医学院 2 楼	口腔医学五年制、5+3、八年制	牙体牙髓病学实验、口腔颌面外科学实验、口腔修复学实验、儿童口腔医学、口腔正畸学实验、口腔生物学实验等 17 门口腔医学专业临床前技能操作实验课程的实验项目。

武汉大学"智慧口腔虚拟仿真实验教学基地"是国际一流的智慧口腔虚拟仿真实验教学平台，2024 年入选教育部产学合作协同育人"智慧口腔虚拟仿真实验教学示范基地"。基地现有仿真头模实验室 2 间、虚拟仿真智慧教室 1 间、实验教学操作室 4 间，共计拥有口腔仿真头模 135 台、牙科教学显微镜 135 台、口腔数字化教学实习评价系统 1 台、虚拟仿真机 20 台、口腔仿真机器人 1 台、种植牙机器人 1 台。基于先进的国产口腔数字化虚拟仿真培训产品和 5G 网络技术，新增各学科实验实训项目集群，重构口腔医学专业群校内实践教学内容体系，打造"虚实结合、线上线下混合"的教学新范式、新常态，可满足学生同时进行口腔医学虚拟仿真学习及虚拟仿真手术技能练习，有效促进学生掌握相关基础知识和应用技术。

5.2.4 工业生产线下实践基地

5.2.4.1 电气与自动化学院线下实践基地

表 27 电气与自动化学院线下实践基地

序号	实习基地名称	合作共建单位	实习基地场所	实习专业	主要实习项目
1	武汉大学与中广核新能源湖北有限公司合作共建实训实践基地	中广核新能源湖北有限公司	中广核新能源技术服务中心	电力系统及其自动化、自动化	电力安全作业规程及震撼教育、实操心肺复苏（触电）、风力发电设备运行维护知识、光伏 & 储能设备运行维护知识、新能源行业相关油品检测知识、参观风电场变电站和风机机组、参观光储电站及相关设备、参观风机三大系统、光伏组件等实训教具。

　　该合作实训基地位于中广核新能源技术服务中心（以下简称中心）。中心位于将军故里、革命老区、红色圣地的湖北省孝感市大悟县，业务类型涵盖广泛，拟打造"四中心一基地"的运维检修综合体。中心管辖 11 个场站（9 座风电场、1 座光伏电站、1 座光储电站），装机容量 875MW（其中风电 705MW、光伏 170MW），储能 50MW/100MWh，风机数量 347 台，逆变器 1268 台，储能单元 284 个，实现风电场、光伏电站"无人值守或少人值

守"，实现人员专业化、资源集约化、管理运维标准化。

维保中心：包含 6 个检修队(直驱、双馈、电气、光储、预试、巡检)，油化实验室具备风机油、绝缘油检测服务能力，修旧利废工作室为各类新能源型号的零部件提供坏件检修服务；实验室、宽频阻抗、无人机巡检、振动分析等专项业务均已拓展至省外。

数据中心：新能源总部数据中心的第二大脑，扩充资源并对其合理利用，将为各场站、无人机系统、振动分析平台、风机设备状态评价、生产设备数据管理等提供平台，包括设备健康状态预警系统、分布式光伏、储能项目监控、PDMS/RAMS 系统(云边协同系统，充分利用场站的闲置算力)。

培训中心：承接新能源职业培训业务、会展论坛及技能竞赛、产教融合深度化应用、考试取证中心业务、安全警示体验教育、党建培训活动业务六大板块业务，自中心运营以来，承接中电联等省部级协会，省、市、县等行政单位、中广核新能源公司、中广核集团总部等各类规模的培训与竞赛，截至 2024 年年初，共接待活动人员 4000 余人，单日最高接待峰值达 320 人。中心与中广核新能源新能职业培训学校(天津)有限公司深度合作，在新能源培训当前和未来发展的考量方面，具备充分的经验。同时，中心在培训管理、师资力量方面也有雄厚实力。此外，中心与武汉电院、湖北职院等学校已开展产教融合方面的合作，接待人次 1000 余次。

仓储中心：计划在地块东侧三期建设后投入运营，主要规划了备件仓储、寄存代售、智慧储运等功能，拟成为新能源发电产业供应链公共服务平台，并推动新能源发电产业链上中下游产品高效流通。

科创基地：旨在以新能源运维技改和科技创新转化基地为主要目标，从孵化新能源特色制造业务、实施科技创新成果转化、外部联合实施科研成果应用等途径着手开展工作。

5.2.4.2 电子信息学院线下实践基地

表 28 电子信息学院线下实践基地

序号	实习基地名称	合作共建单位	实习基地场所	实习专业	主要实习项目
1	互联网传播计算研究中心	人民日报社、人民网	电子信息学院东科技楼	电子信息类	互联网传播过程建模、特征识别、内容生成等。

武汉大学互联网传播计算研究中心成立于 2021 年，聘请武汉大学电子信息学院江昊教授任中心主任兼首席科学家。中心的研究目标是结合社会科学理论、数学理论、机器学习方法等交叉学科方法，基于社交网络状态感知互联网传播机理、观点演化机理，归纳互联网传播策略，模拟互联网传播过程，推进认知对抗干预等工作。

中心团队成员学科背景丰富，包括数学、物理学、传播学、社会学、计算机、通信等学科，交叉融合，促进创新。中心主要研究方向是互联网画像和知识推理、互联网传播机理研究、网络嵌入应用、动力学应用和基于大语言模型的社会模拟等。中心还关注人工智能和动力学的融合，以及复杂网络理论和人工智能在互联网传播、认知干预等领域的应用。

近年来，中心承担了多项国家重点研发计划项目、国家自然科学基金重点项目、国防重点项目的研究，与复旦大学、中山大学、传播内容认知国家重点实验室、社会安全风险感知与防控大数据应用国家工程实验室、中国通用技术研究院、上海社科院等单位等国内知名高校、研究院所、国家重点实验室、高端智库保持密切合作，研究团队在认知干预、社交网络传播策略分析及构建、传播策略模拟、社交网络观点演化分析、社交网络传播内容生成等领域取得了多项成果。

5.2.5　金融商务线下实践基地

表 29　经济与管理学院线下实践基地

序号	实习基地名称	合作共建单位	实习基地场所	实习专业	主要实习项目
1	武汉大学与深圳前海方圆股权投资基金管理有限公司合作共建学生实习实践基地	深圳前海方圆股权投资基金管理有限公司	深圳前海方圆股权投资基金管理有限公司	金融学、经济学、工商管理	甲乙双方以基地为平台，合作开展相关课题申报、研究和成果转化等活动。
2	武汉大学与大童保险销售服务有限公司湖北分公司合作共建实习基地	大童保险销售服务有限公司湖北分公司	大童保险销售服务有限公司湖北分公司	金融学、保险学	甲乙双方以基地为平台，合作开展相关课题申报、研究和成果转化等活动。
3	武汉大学与武汉众邦银行股份有限公司合作共建实习基地	武汉众邦银行股份有限公司	武汉众邦银行股份有限公司	金融学、经济学	甲乙双方以基地为平台，合作开展相关课题申报、研究和成果转化等活动。
4	武汉大学与九江银行合作共建学生实习实践基地	九江银行股份有限公司	九江银行股份有限公司	金融学、经济学、工商管理	甲乙双方以基地为平台，合作开展相关课题申报、研究和成果转化等活动。

经济与管理学院致力于加强实习实践基地建设和管理，持续推进课程实习中有特色的平台课实习，为学生学习成长、实习实践搭建良好平台，让学生从入学就能将所学知识与社会实践相结合。

经济与管理学院通过校企合作搭建了一系列实习基地，目前还在有效期内的校级实习基地有四个：

(1)武汉大学与深圳前海方圆股权投资基金管理有限公司合作共建的学生实习实践基地。该实习基地位于深圳前海，是一个提供金融学、经济学和工商管理等专业学生实践机会的平台。在这里，学生将有机会深入了解股权投资行业的运作模式和市场动态，参与各类实践项目，锻炼专业技能。

(2)九江银行股份有限公司与武汉大学合作共建的实习基地。该基地为金融学、经济学和工商管理等专业的学生提供实践机会，让学生有机会在银行的各个部门进行实习，学习金融产品销售、客户服务等方面的业务知识和实践技能。

(3)大童保险销售服务有限公司湖北分公司与武汉大学合作共建的实习基地。该基地为保险学专业的学生提供实践实习机会。让学生深入了解保险销售与服务领域的实践操作，参与各类实践项目，提升实践能力。

(4)众邦银行股份有限公司与武汉大学合作共建的实习基地。该基地为金融学和经济学专业的学生提供实践机会。在这里，学生将有机会深入了解银行业务运作，参与各类实践项目，提升专业技能。

经济与管理学院通过搭建校级实习基地，为学生提供丰富的实践机会和与行业专业人士交流的平台。基地与学校合作开展相关课题申报、研究和成果转化等活动，同时也将为学生提供导师指导和职业规划建议，引导学生做好职业生涯规划。

5.2.6　城乡政务线下实践基地

表30　资源与环境科学学院线下实践基地

序号	实习基地名称	合作共建单位	实习基地场所	实习专业	主要实习项目
1	武汉大学与庐山世界地质公园合作共建国家理科野外实践教育基地	庐山世界地质公园	庐山世界地质公园	地理科学、自然地理与资源环境、人文地理与城乡规划、地理信息科学、环境科学	庐山地理学综合实习、环境科学综合实习。
2	武汉大学与中国地图出版社合作共建地理信息系统国家级工程实践教育中心	中国地图出版社	中国地图出版社	地理信息科学	地图学实习等。
3	武汉大学与北京超图软件股份有限公司共建"GIS教学及应用创新中心"	北京超图软件股份有限公司	北京超图软件股份有限公司	地理信息科学	智慧城市与大数据分析、地图设计与编制实习等专业实习。
4	武汉大学与中国科学院西北生态环境资源研究院合作共建学生实习实践基地	中国科学院西北生态环境资源研究院	中国科学院西北生态环境资源研究院	地理科学、自然地理与资源环境、人文地理与城乡规划、地理信息科学、土地资源管理、环境工程、环境科学	地理、地信、环境专业综合实习。

序号	实习基地名称	合作共建单位	实习基地场所	实习专业	主要实习项目
5	武汉大学与深圳市农产品质量安全检验检测中心共建实习实训基地	深圳市农产品质量安全检验检测中心	深圳市农产品质量安全检验检测中心	环境科学与工程	环境科学和环境工程专业实习。
6	武汉大学与湖北君邦环境技术有限责任公司合作共建实习基地	湖北君邦环境技术有限责任公司	湖北君邦环境技术有限责任公司	环境科学与工程	环境工程生产实习、认识实习。
7	武汉大学与湖北汉恩后勤服务集团有限公司学生现场实习、参观培训协议	湖北汉恩后勤服务集团有限公司	湖北汉恩后勤服务集团有限公司	环境工程	环境工程生产实习。

　　资源与环境科学学院与多个单位合作建设的实习基地有七个，其中两个是国家级实习基地（中国地图出版社和江西庐山地理学野外实践教育基地），五个是校级实习基地。基地覆盖全院六个专业，涉及的实习课程包括庐山地理学综合实习、环境科学综合实习、地图学实习、环境工程认识实习、生产实习等多个集中实习和课间实习，基地条件完善，满足学院各专业学生实习要求，充分保障学生实践教学需要。除前往实习基地进行实践教学之外，资源与环境科学学院还多次邀请实习基地单位讲师来学院授课，帮助学生了解行业最新进展。

5.2.7　法务舆情线下实践基地

表 31　法学院线下实践基地

序号	实习基地名称	合作共建单位	实习基地场所	实习专业	主要实习项目
1	武汉大学法律援助中心	武汉大学工会、东县人民政府、湖北珞珈律师事务所、武汉市江岸区人民检察院、武汉市武昌区公安分局珞珈山派出所	武汉大学法律援助中心、武汉大学工会、田东县人民政府各村镇、湖北珞珈律师事务所、武汉市武昌区公安分局珞珈山派出所	法学	提供法律咨询服务、参与法律宣传、参与纠纷调解、合作办理法律援助案件、法律援助志愿者培训、其他法律服务活动。

1992 年，中国第一家依托高校为社会提供公益服务的民间法律援助机构——"武汉大学社会弱者权利保护中心"正式成立。中心由万鄂湘教授发起，荟萃著名法学专家教授和优秀青年志愿者，面向全国，为社会弱者提供专业的法律咨询和法律服务。2013 年，为适应当前法律援助形势的需要，更好地体现中心法律援助机构的性质，中心改名为"武汉大学法律援助中心"，同时成为武汉大学法学院的校内实践基地和法学实训实验室。

中心设有理事会，理事会成员均为声名卓著的法学专家、教授以及资深律师，为中心的发展提出指导和建议；中心设主任一人，副主任两人，武汉大学法学院教工组成的志愿者教师若干名为学生办案提供具体指导；同时，中心每年招募武汉大学法学院研究生作为志愿者，协助办理法律援助案件。

一直以来，中心以法律援助工作为重点，面向社会各类群体提供法律咨询和案件代理服务；同时，中心参与办理重大影响性公益诉讼案件，以案件的办理及社会影响推动国家政策改进和法治发展；在案件办理的基础上，中心整合著名法学专家教授等科研力量，开展实证研究，参与由立法机关、政府主管部门组织的立法和政策制定活动，以自身行动推进中国民主和法治进程。

同时中心致力于信息化公共教学资源建设，建成武汉大学法律援助实训平台(网址：http://whdx.flyz12348.cn/WHDX/)，平台实现了实训案件、人员、案卷的数字化，实现了对咨询业务的同步录音、录像，方便师生回看反思，提升了实训效能的同时也积累了充足的实训素材，法律实训案件数据和人员管理信息化、案卷电子化为法律实训教学奠定了雄厚基础。此外，该平台搜集的社会实践集成法宣资料，为暑期社会实践提供了素材和资料来源。

5.2.8　人文社会线下实践基地

5.2.8.1　历史学院线下实践基地

表 32　历史学院线下实践基地

序号	实习基地名称	合作共建单位	实习基地场所	实习专业	主要实习项目
1	武汉大学湖北省博物馆实习实践基地	湖北省博物馆	湖北省博物馆	考古学、博物馆学、文物学、历史学、文化遗产等	基于倾斜摄影测量、三维激光点云的轻量级文物信息采集、三维建模、数字化保护方法、流程及文创产品开发。

续表

序号	实习基地名称	合作共建单位	实习基地场所	实习专业	主要实习项目
2	武汉大学敦煌研究院实习实践基地	敦煌研究院	敦煌研究院	考古学、博物馆学、文物学、历史学、文化遗产等	基于倾斜摄影测量、三维激光点云以及人工智能超算引擎的石窟寺文物本体及相关建筑遗迹的信息采集、三维建模、数字化保护方法、流程及扩展应用。
3	武汉大学武当山特区实习实践基地	武当山特区管委会	武当山	考古学、博物馆学、文物学、历史学、文化遗产、测绘、摄影测量等	基于倾斜摄影测量、三维激光点云以及人工智能超算引擎的超大型建筑本体及相关遗迹的信息采集、三维建模、数字化保护方法、流程及活化利用。
4	武汉大学龙门石窟实习实践基地	龙门石窟研究院	龙门石窟	考古学、博物馆学、文物学、历史学、文化遗产、测绘、摄影测量等	基于倾斜摄影测量、三维激光点云以及人工智能超算引擎的石窟寺文物本体及相关建筑遗迹的信息采集、三维建模、数字化保护方法、流程及本体环境监测。

武汉大学长江文明考古研究院、历史学院联合校内多家机构包括文化遗产智能计算实验室、简帛研究中心、测绘遥感信息工程国家重点实验室、

历史地理研究所、青铜文明研究中心等，并与多家行业单位进行合作，目前已经完成长江文明数字平台的主体框架搭建和数据库建设；同时与湖北省博物馆、敦煌研究院、武当山特区、龙门石窟研究院等合作，共建、共享轻量级与大型古建筑、石窟寺遗迹的三维模型数据资源，依托虚拟的数据资源，拓宽教学内容与课程体系，助力传统人文科学研究向以数据驱动、智能驱动为主的模式转型。

5.2.8.2　社会学院线下实践基地

表 33　社会学院线下实践基地

序号	实习基地名称	合作共建单位	实习基地场所	实习专业	主要实习项目
1	武汉大学与中共山西省运城市夏县委员会合作共建实习基地	中共山西省运城市夏县委员会	山西省运城市夏县下辖各村镇	社会学	农村社会实践调查。

由武汉大学社会学院与山西省运城市夏县共建的专业实习基地，以培养和提高大学生实践能力、创新精神和社会责任感为目标，以深化产学合作为方向，通过联合开展社会实践调研，促进专业建设与乡村振兴实践相融合。社会学院每年派驻学生到基地开展田野调查和实习实训，鼓励学生将理论学习与实践运用相结合；教师在田野现场开展课程思政，充分利用基地平台提升教学水平，培养适应国家经济建设和社会发展所需的社会学创新型、复合型人才。

6. 常见问题解答

Q：如果我在使用数智教育一站式门户时遇到登录问题该怎么办？遇到技术问题，应该如何快速获得技术支持？

A：可以通过武汉大学信息中心网站联系方式或者一站式门户上的技术服务联系方式获得技术支持。

Q：武汉大学数智教育一站式门户网站中首页资源和"我的空间"中的资源有何区别？

A：首页资源是系统内所有的公开资源，可供所有访客浏览，"我的空间"是个人所选课程相关联的资源。"我的空间"内容会根据您在教务系统里所选的数智课程对其关联的资源进行推荐。

Q：如何在数智教育一站式门户中找到适合我研究领域的数据集？

A：一站式门户中的每一个数据集资源都有领域的标签，可以通过标签找到适合自己研究领域的数据。

Q：平台上的课程和实验资源是否会定期更新？学生如何得知更新内容？

A：平台资源由数智课程相关教师更新，此外每一位老师、学生都可以共享自己的数智资源，在审核后更新发布。目前还需要学生登录平台查询更新内容，还没有建立推送机制，后期会进一步完善。

Q：在个人使用相关的数据样本时进行实验时，是否会有相关的版权问题和法律限制？

A：相关版权问题和法律限制在每一个数据资源中都会有说明。

Q：如何选择适合自己的学科竞赛？

A：学生需要了解自己的兴趣和强项，研究不同竞赛的类型和要求，以及评估自己的能力和准备情况，优先选择与自己专业相关的学科竞赛。可以通过本指南查阅相关学科竞赛的主要信息，并通过指南提供的链接深入了解相应赛事的赛项和竞赛内容。武汉大学各学院对不同学科竞赛的权重有所区分，学生可优先选择所在学院权重较高的学科竞赛。

Q：如何准备某个竞赛？

A：学科竞赛准备往往需要投入较多的时间和精力。通过学科竞赛官网发布的比赛通知，掌握相应赛事各级比赛的具体时间，大多赛事设有校赛、省赛、国赛，可以联系负责竞赛的老师了解相应赛事是否有校赛和省赛。注意，学科竞赛的各级赛事时间可能随时发生变化，一定要时刻关注校内以及竞赛官网发布的通知，校内通知以武汉大学本科生院官网学科竞赛板块发布的通知为准。然后，参加学科竞赛需要积极加入备赛团队，多与指导老师、往届参赛学生交流，掌握本届学科竞赛是否有校内培训以及培训计划。建议积极参与校内培训，可以大幅提高备赛效率。

Q：在参加相关活动和竞赛时，如何在平台上获取导师的支持和指导？

A：在武汉大学本科生院每年发布的竞赛认定信息表中有赛事负责老师的信息，可以与负责老师联系获取有哪些导师可以指导竞赛。

Q：如何使用数智工创实验室？

A：武汉大学工程训练与创新实践中心一楼展示与交互空间是公共开放的，随时可以使用。其他专用实验室可以与工创中心教学办公室联系使用。

Q：如何使用创客工场资源？

A：欢迎优秀的创新创业团队入驻创客工场，工创中心每年面向全校招募约30支优秀创新创业团队入驻，每年年底会在本科生院官网及武大工创公众号发布招募通知，请及时关注相关信息。

Q：如何参与武汉大学科创训练营？

A：武汉大学学科竞赛训练营分多个板块，训练内容丰富、针对性强，每个项目招生时间不同，具体招生信息可以关注武大工创公众号，会实时发布各类训练营招新公告。

Q：如何参加数智课程、获取课程相关资源？

A：数智课程包括通识教育课程、跨学院公共基础课程、专业选修课程、专业必修课程等类型，同学们可以在选课系统内选修自己感兴趣的课程。同时，可以关注"数智教育一站式门户"网站的课程发布信息，根据自己的需求进行线上学习。同学们可以在数智教育一站式门户网站"数据样本""算法模型"等板块中获取相关的算法模型和数据样本等资源，更好地完成课程学习。

Q：个人电脑配置无法满足课程的算力要求，怎么办？

A：门户中算力存储整合了校内外主流的算力平台，只提供算力平台简介和快速访问，分别标记了校内外标签，"武汉大学超算中心"校内用户可申请部分免费资源，超过免费部分需要付费使用，其他校外算力平台，需跳转其他算力平台官网，费用需自行了解。

Q：如何使用各线上实践平台，使用过程中遇到问题怎么解决？

A：通过各个线上实践平台说明中的网站和登录方法进行登录，并参照各个线上平台的使用说明操作。若您在平台使用过程中遇到如无法登录等问题，可参照各个网站的维护信息进行咨询，或直接咨询相关学院。

Q：如何参与线下实践基地的项目，通过何种途径咨询具体信息？

A：线下实践基地都有注明是哪个学院负责的，可以与具体学院的教学办公室联系咨询。

结　语

进入 21 世纪，人工智能方兴未艾，数字化技术日新月异，智慧化应用推陈出新。信息技术已经渗透到教育的方方面面，把人与教育资源以前所未有的方式、更灵活的形式紧密地连接了起来。同时，数字化也给教育领域带来了全新的挑战和机遇。武汉大学历来是教育改革的先行者和教育创新的实践者，在数智教育刚刚崭露头角时，武汉大学就见微知著，排艰克难，迅速行动，主动响应时代号召，积极融入国家教育数字化战略的具体行动，率先发布了《武汉大学数智教育白皮书(数智人才培养篇)》《武汉大学数智教育支撑体系建设指南》，将数智教育理念和数智教育技术应用到本科拔尖创新人才的培养中。

当前，武汉大学又编写了《武汉大学数智教育实践创新平台学生使用指南》，其意义不仅在于为学生提供了一个学习和实践的蓝图，更彰显了武汉大学对教育教学改革的又一次积极探索。武汉大学将继续坚持"数字向善"的原则，不断优化数智教育平台的功能，丰富教学资源，提升学生体验。我们坚信，智能化的教育手段能够更有效地促进学生的全面发展，培养出更多具有创新精神和实践能力的高素质人才。

汉代王符的《潜夫论》说："大鹏之动，非一羽之轻也；骐骥之速，非一足之力也。"这告诫我们，大鹏冲天飞翔，靠的不是一根轻盈的羽毛；骏马疾速奔跑，靠的不是一只脚的力量。任何事情的成功都是要综合各方面的因素，合整体之力才能完成。面向未来，武汉大学将不断加强与国内外优秀高校、企业和研究机构的合作，凝聚推动教育技术创新和教育模式改革的合力。同时，武汉大学将深入推进人工智能赋能行动，致力于实现智能技术与教育教学、科学研究、社会服务的深度融合，为构建学习型社会、发展智能教育贡献力量。此外，武汉大学将持续关注师生的数字素养培养，加强教育治理的数字化建设，以适应快速发展的教育新生态。

期待同学们都能利用好数智教育实习实践平台，不断提升自己的知识水平和实践能力，促进个人的成长，为国家的发展作出贡献。最后，本指南的编写是一个持续更新和完善的过程，学校将根据技术的发展和教育的需求，定期进行修订和补充。欢迎广大师生提出宝贵的意见和建议，共同推动武汉大学数智教育的发展，持续助力拔尖创新人才培养，携手开创教育的美好未来。